中堅・中小企業のための
業績管理の鉄則
MaPSの法則

田村和己
小谷　清

同文舘出版

まえがき

本書は、月次決算や原価管理、予算管理、経営計画などの導入や改善を検討しておられる経営者や中堅管理者の方々に、幅広い視点からそのポイントを解説した業績管理の入門書です。本のタイトルは「業績管理の鉄則」ですが、その冠に「中堅・中小企業のための」と付したのには理由があります。

二〇年ほど前、我々が大手国際会計事務所の一つであるプライスウォーターハウスに在籍していた頃、ダイヤモンド社から『最強の業績管理マニュアル』という本をスタッフの一員として執筆し、幸いにもビジネス書のベストセラーにランキングされ、増刷を重ねることができました。この本の読者層は大手企業のビジネスマンや税理士、公認会計士などでしたが、一方では中堅・中小企業からの反応も多く、講演会などで多くの経営者から業績管理の導入方法に関するさまざまな質問を受けました。このことは、まだ若手で駆け出しの我々には新鮮な出来事であり、日本経済の基盤を支えているのはこのような中堅・中小企業なのだ、とそのときに実感しました。

その後、日本は産業の情報化や経済のグルーバル化の波に絶えず翻弄され、中国や韓国などアジアの新興勢力にその地位を奪われそうになりながらも、世界経済において一定の地位を維持してきました。その力の源泉はいったい何でしょうか。それは、他国に真似の出来ない技術やシステムを開発し、世界の市場に浸透させる力であり、その基礎となっているのは日々たゆまぬ努力を続けているわが国の中堅・中小企業の開発力や生産力だと思います。

この本は、創造的で生産性の高い企業に羽ばたこうとする中堅・中小企業に対して、資金や売上、利益などの財政的な基盤を正しくコントロールするための業績管理制度の導入方法を示したものであり、これにより少しでも多くの中堅・中小企業が日本経済の屋台骨を支えるような優良企業に発展されるよう念願し、タイトルの冠に「中堅・中小企業のための」と付した次第です。

このため、本書は一般的な管理会計や業績評価会計などの専門的なテキストとは異なり、理論的な背景については大略を述べるにとどめ、業績管理を中堅・中小企業に定着化させるための鉄則＝ポイントについて詳細に記載しています。その理由は、予算管理や経営計画の重要性に気付かれている経営者や実務担当者の方々は、個々の知識や理論についてはは実務書などにより一通り身に付けておられるのですが、それらを体系的に導入し、実践することのノウハウが不十分であると思われるからです。

そこで、本書のキー概念となっている「ＭａＰＳの法則」について、繰り返しその重要性を強調するとともにその効果を確実にするためには、３Ｓ（System/Structure/Study）の原則を意識した全社的な取り組みが必要であるということを具体的なケースなどをあげて説明しました。

さらに本書はこれらの理解を補うため、ＭａＰＳの法則のポイントについてのチェックリストや図表を豊富に入れ、丁寧に解説しました。特に、巻頭に折り込んだ「ＭａＰＳによる業績管理診断テスト」は、自社の業績管理の不備な点やこれから力を入れるべきポイントが確認でき、業績の改善に役立つことと思います。また、本書はさまざまな読者を想定しており、それぞれの方々に合った本書の利用方法を次ページに掲載しておりますのでご一読下さい。

本書が、ベンチャー精神と進取の精神に富むビジネスマンの皆様の業務に少しでもお役に立てば、筆者の望外の喜びとするところです。

最後になりましたが、本書の刊行にあたり、同文舘出版株式会社取締役編集局長の市川良之氏から編集だけでなく、図表や付録の診断テストの仕様につきましても多くのアドバイスをいただきました。ここに深く感謝の意を表します。

田村　和己
小谷　清

●本書の利用方法

本書は、業績管理制度の整備や見直しを行いたいと考えている方々に対して、業績管理の鉄則や〝ツボ〟となる部分について解説したものです。これから月次決算や予算管理を導入される方々は、関連のある章だけ読んでいただいても結構ですが、ＭａＰＳの法則をご理解いただくにはぜひ最初からお読み下さい。

経営者や経営幹部の方々へ

中堅・中小企業の経営者や経営幹部の方々は、まず付録の「ＭａＰＳによる業績管理診断テスト」をやってみて下さい。テストの結果、貴社の業績管理がどのレベルにあるかを念頭に置いていただいた上で、初めからこの本をお読み下さい。

管理部門の方々へ

月次決算や予算管理に携わっている経理部門や経営企画部門など管理部門の方々は、ぜひ初めからじっくりとこの本をお読み下さい。最初にＭａＰＳの法則をご理解いただいた上で各章を読むことによって、これまで貴社に足りなかった部分や見落としていた部分が見えてくると思います。本文を読み終わった後、付録のテストをやってみて、この本に対する理解を確実なものにして下さい。

税理士・公認会計士・コンサルタントの方々へ

まず、最初の章だけお読み下さい。それから、興味のある分野だけ読んでも結構ですし、続けて読んでいただいても結構です。当たり前のことや、すでにご存じのことばかりかもしれませんが、個々のツールの組み合わせや導入のタイミング、この本の根底に流れる考え方をご理解いただければ、コンサルティングの基礎力アップにつながると思います。

また、この本には付録の診断テストのほか、多くの図表がありますので、月次決算や予算管理コンサルティングのヒント集としてもご利用下さい。この本を土台にそれぞれの分野の専門知識を深めて下さい。

金融機関の方々へ

金融円滑化法の期限終了後においては、債務者に対するモニタリングの強化やライフステージに応じたソリューションの提案が金融機関に必要とされています。

この本は事業再建について書いた本ではありませんが、債務者区分が正常先または要注意先である貸出先の業績管理制度の整備や見直しにはもちろん、破綻懸念先である貸出先のモニタリングのレベルアップのヒントにもなります。

目　次

ステップⅠ　Monthly actual　月次実績管理体制の整備——29

ステップⅢ Strategic 戦略的経営計画の整備――177

プロローグ

業績管理とMaPSの法則

1 業績管理の重要性

まず初めに読者の皆様、特に経営者の方々に次の質問に答えていただきたい。

はい	いいえ	質問
□	□	あなたの会社は月次決算を行っていますか。
□	□	あなたの会社の顧客別や商品別の粗利益がわかりますか。
□	□	あなたの会社の営業所、支店など営業部課別の利益がわかりますか。
□	□	あなたの会社では年度ごとの予算を作っていますか。
□	□	あなたの会社の経営計画を作ったことがありますか。

これらの質問に「はい」と答えられる人は多いだろう。万が一、「いいえ」が多いようならあなたの会社はまちがいなく、経営者のツキや外部環境が良好なことにより成長してきた会社である。経営者や管理者として必要な計数知識や数値感覚は弱いと見て差し支えない。

それでは、次の質問はどうだろう。

はい	いいえ	質問
□	□	月次決算は翌月十日以内に終了させ、経営幹部、管理者と業績の結果と問題点について討議し、情報を共有している。
□	□	商品別、顧客別の利益を毎月把握し、その採算を向上させるべく、管理者や社員がミーティングを行っている。
□	□	営業部課別の利益は部課の責任者が毎月把握し、全社員にその情報が伝わり、業績上の問題点を理解している。
□	□	前年度からの成行予算でなく、ゼロベースから費用を積み上げており、実行計画も明確であり、適切にフォロー（予実分析）が行われている。
□	□	経営計画では、会社の中長期の経営課題及びその解決のためのスケジュールが明確にされており、管理者がそれを認識し、課題解決のための活動に積極的に取り組んでいる。

これらの質問になると、すべて「はい」と答えられる経営者はそう多くないのではないだろうか。

それでは、前半と後半の質問は、どこが違うのだろうか。前半は、その制度や書類が単にあるかないかの質問であるのに対し、後半は、その制度や書類が一定のレベルで維持されており、経営幹部や管理者、社員が有効に活用しているかどうかについて質問しているのである。月次決算や予算管理の制度や書類などの形は作れても、すべての社員がそれを理解し、業績管理の目的を実現するためには、時間と手間をかけて社内に業績管理を定着化させなければならないのである。

業績管理の目的とはいうまでもなく、「利益をあげること」である。業績管理を導入し、社内に定着化させることにより利益が増加し、会社が成長し、社員の働きがいや生活の向上を実現できるのである。

本書は、「利益の向上を目的とした業績管理」を導入し、社内に定着化させるための基本原則である「ＭａＰＳの法則」を説明し、それにより体系化されたさまざまなツールや工夫を紹介するものである。

2 業績管理とは

業績管理は、別名計数管理とも言われるが、経営全般にわたる業績上の問題点を把握、分析し、また、経営目標を明確にする、いわば、会社全般にわたる計数を管理する道具である。これらの管理上の仕組みとして代表的なものが、月次決算、部門別損益管理、予算管理、経営計画といった分野である。業績管理が経営管理全般にわたる管理システムであるのに対して、会社の重要な業務や資産、コストなどを管理する個別管理システムとして代表的なものが、原価管理、販売管理、購買管理、在庫管理、固定資産管理などである。業績管理は会社全般にわたる数値の管理であるため、管理部署としては経理や財務がその業務の中心的役割を果たしていることが多い。

読者の中には、月次決算や部門別損益管理などの業績管理は単に経理部門で数値を集計、管理する仕組み（ツール）であり、これらを作っても会社の利益は上がらないのでは、と疑問をもつ方がいらっしゃるかもしれない。しかし、貸借対照表や損益計算書は経営活動の種々の原因と結果を集約したものであり、その因果関係を追及していけば、経営上、どのような手を打てばよいかのヒントが得られることは、本書をお読みいただければ十分ご承知いただけるものと思う。

業績管理が、会社の貸借対照表や損益計算書を種々の角度から把握し、分析する管理の仕組みであり、経営管理のシステムにおいて中心的な役割を果たすものである以上、中堅・中小企業に限らずすべての会社が重視して整備しなければならない分野であり、経営者はもちろん管理者に至るまで、その使い方に精通していなければならない。しかし、往々にして、これらの経営管理ツールが経理部門だけの表面的な管理手法にとどまっており、工夫や改善が十分行われていない事例が多く見られる。「数字に弱い経営者は会社の業績が上げられない」との言葉をよく耳にするが、これは、数値に弱い経営者が業績管理の重要性を認識せず、そこから出ている経営管理ツールを業績の改善のために十分活用していないことから、経営者向けに警告として発せられている言葉ではないかと思われる。

もちろん、管理者にとっても、これらの経営管理ツールは会社全体や部門、商品、顧客に関する収益性などの問題点を把握する上で最も重要なものであり、利益の向上に取り組む管理者にとって不可欠なものである。経理部門がこれらの資料を作っているので内容はよくわからない、などと言っていては、数値に弱い管理者となり、管理者失格となってしまうのである。

3　MaPSの法則とは何か

ここまでの説明で、業績管理の重要性や必要性についてはある程度ご理解いただけたと思うが、読者の皆さんは、この業績管理の構築や整備に一定の手順があることをご存知だろうか？この業績管理の手順を法則として、体系的にわかりやすく説明したのが、ＭａＰＳの法則である。

ＭａＰＳの法則とは、会社が実効性のある業績管理制度を整備し、定着化させていくのに必要な正しい順序のことである。

一般に会社が業績管理制度を取り入れる場合、上場準備がきっかけだったり、業績が悪化傾向にあるため予算管理制度を導入し、経費を削減するのがきっかけだったり、あるいは、店舗数が増えてきたため、店舗別の利益を把握するのがきっかけだったり、その理由はさまざまである。しかし、業績管理制度の意味を役員や管理者がよく理解し、有用な業績管理データを作成し、実効性のある業績検討会議を開催し、業績の向上に向けて社員一丸となって取り組んでいくような効果的な業績管理制度を作り上げるには、以下に示すような一つの順序に従って整備を行わなければならないのである。

【MaPSの法則＝業績管理制度の整備順】

ステップⅠ：月次実績（Monthly actual）を把握する。
会社の業績を毎月実績ベースで把握し、さらに製品別の採算や、部門別の採算までわかるように整備していく。

ステップⅡ：予算編成（Planning）を行い、予実管理を行う。
ステップⅠにより現状の正確な分析ができるようになってから、製品別や部門別の予算を作成し、毎月予算と実績の比較管理を行う。

ステップⅢ：戦略的（Strategic）な経営計画を策定する。
ステップⅠ、Ⅱにより現状分析力、短期的な計画力を身につけてから、戦略的な中長期経営計画を策定し、実行する。

ＭａＰＳの法則とは、上記各ステップのキーワードの頭文字を取ったものである。このステップⅠ→Ⅱ→Ⅲ、すなわち【Ｍａ→Ｐ→Ｓ】は業種、業態に関わらず、すべての会社に共通した順序であり、この順序で整備を行わない限り、会社の業績管理制度を着実にレベルアップしていくことは不可能なのである。

もちろん、この法則を知らなくても無意識のうちにこの順序で整備している会社もあれば、逆の順序で整備し、回り道ではあるが立派な業績管理制度を構築した会社もある。しかし、この法則を意識し、一つ一つの整備状況を点検しながらステップアップすることにより、より合理的に

図表P・1◉MaPSの法則の全体像

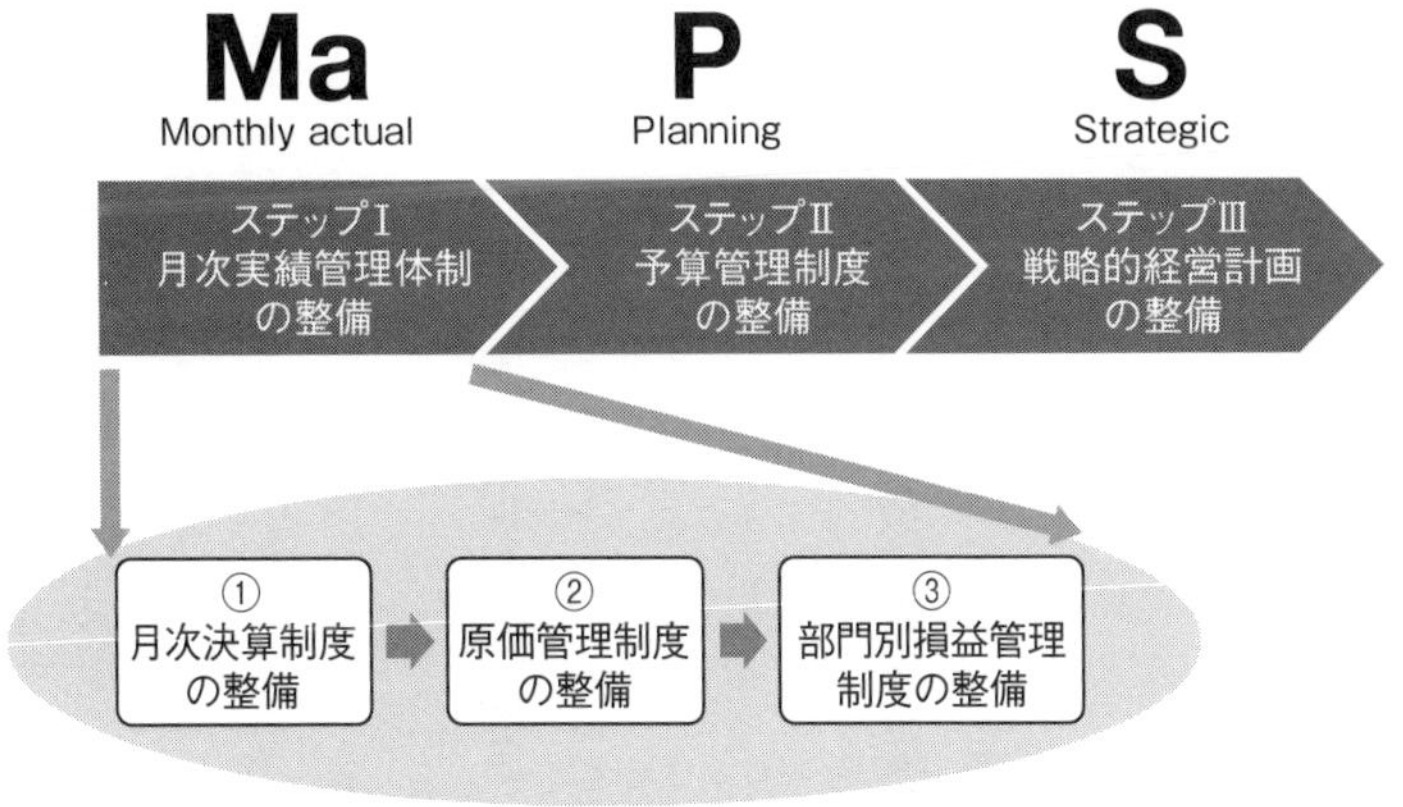

速いスピードで業績管理制度を構築することができるだけでなく、より会社の身の丈に合った、社内に深く浸透し、定着していくような業績管理制度が整備できるのである。

なお、ＭａＰＳの法則のうちＭａの部分、すなわちステップⅠの月次実績を把握する体制については、さらに①月次決算制度の整備、②原価管理制度の整備、③部門別損益管理制度の整備の三ステップに細分化される。これらを含めたＭａＰＳの法則の全体像を次に掲げる（図表Ｐ・１）。

図表Ｐ・１からもわかるとおり、ＭａＰＳの法則とは業績管理制度を整備する共通の順序というだけでなく、業績管理制度の全体像（マップ）も示すものであり、会社の内部管理体制の根幹となるものである。

それぞれのステップが持つ意味を簡単に説明すると、次のとおりである。

ステップⅠ-1：月次決算制度の整備

月次決算の整備を最初に行うのは、会社の基本的な業績に係る数値を理解させ、経営者や管理者に業績全般にわたる問題を把握してもらう必要があるためである。この数値の理解がないと、全体業績の理解が不十分なため、部門別業績の検討で全体像が見えない議論に陥りやすいし、これらの現状分析データが整わないと予算や計画を作っても、絵に描いた餅に終わるのである。

ステップⅠ-2：原価管理制度の整備

全体業績がよく理解されてから、次に個別管理システムの一つである原価管理の整備を行うことになる。これによって製品の採算性や利益に対する貢献度が明らかになり、各製品の持つ競争力やライフサイクルが明らかになる。

ステップⅠ-3：部門別損益管理制度の整備

各製品の採算性が把握されても、営業部門や製造部門、あるいは店舗別や地域別の採算性がわからなければ、部門管理者による詳しい分析や正しい改善案が導き出せないため、次に部門別業績の把握に進むことになる。これによって部門管理者が本来責任をもつべき部門別業績が明らかになる。

ステップⅡ：予算管理制度の整備

予算管理制度の整備をステップⅡとしている理由は、ステップⅠは計数管理の分野でも現状分析による実績情報であり、現状分析の正しい数字の把握がないと、効果的な予算、実行可能な予算が作れないからである。また、予算をステップⅢよりも先行させているのは、単年度の予算管理が達成できない会社に、予算よりも難しいテーマに取り組む経営計画は達成できないからである。

ステップⅢ：戦略的経営計画の整備

ステップⅠやステップⅡの整備を行う際、会社からよく質問されるのは、「なぜ経営計画を先に整備しないのか。会社の方向性を決めることこそ重要なのではないか。」ということである。この主張は、ある意味ではもっともであるが、地に足のついた実行可能な計画を作るには、MaPSの法則にしたがい、段階的に改善することが不可欠である。

経営計画は、会社の中長期の経営環境と課題を展望する分野であり、情報収集する範囲が広く、また、社員や管理者の意識レベルが高くないとなかなかチャレンジできる分野ではない。経営計画が絵に描いた餅に終わっている会社が多いのは、月次決算や予算、部門別の業績改善データなど基本的な計数管理データが十分でないからであり、基本的な管理力、情報収集力、行動力がない会社に、本格的なイノベーションを必要とする経営計画の実行は困難なのである。

4 3Sの原則

ＭａＰＳの法則を実践するためにはもう一つ重要なキーワードがある。それは3Ｓの原則である。

一般に、中堅・中小企業において予算管理制度を整備する場合、プロジェクトの中心は経理部門であることが多く、営業部門や生産部門は受け身であり、めんどうな作業が増えたと考えることも少なくない。その結果、各部門で編成される予算は夢のような数値となり、実現不可能なものとなるだけでなく、毎月の実績との比較も現実味がないため、おざなりとなってしまう。これらの原因は、導入時に全社がその意味を理解しておらず、自分達に合った制度ではないと感じているためであり、その効果も薄いと感じているからである。

3Ｓの原則とは、このような事態を避けるため、ＭａＰＳの法則にしたがいそれぞれの制度の整備を行う際、単に原価計算システムや部門別損益管理システムのフォーマットや計算方式、ソフトウェアといった、いわゆるツールだけを導入するのではなく、「仕組み（System）」、「組織（Structure）」、「教育（Study）」の三つの側面を常に考慮し、これらのバランスを意識しながら各制度の導入及び定着化を図るべきであるというものである。

通常、よく見られるのが原価計算制度や予算管理制度の整備を行う際に、「○○原価管理システム」とか「△△予算管理システム」といったソフトウェアを購入し、ＩＴベンダーの指導を仰

図表P・2◉3Sの原則の意味

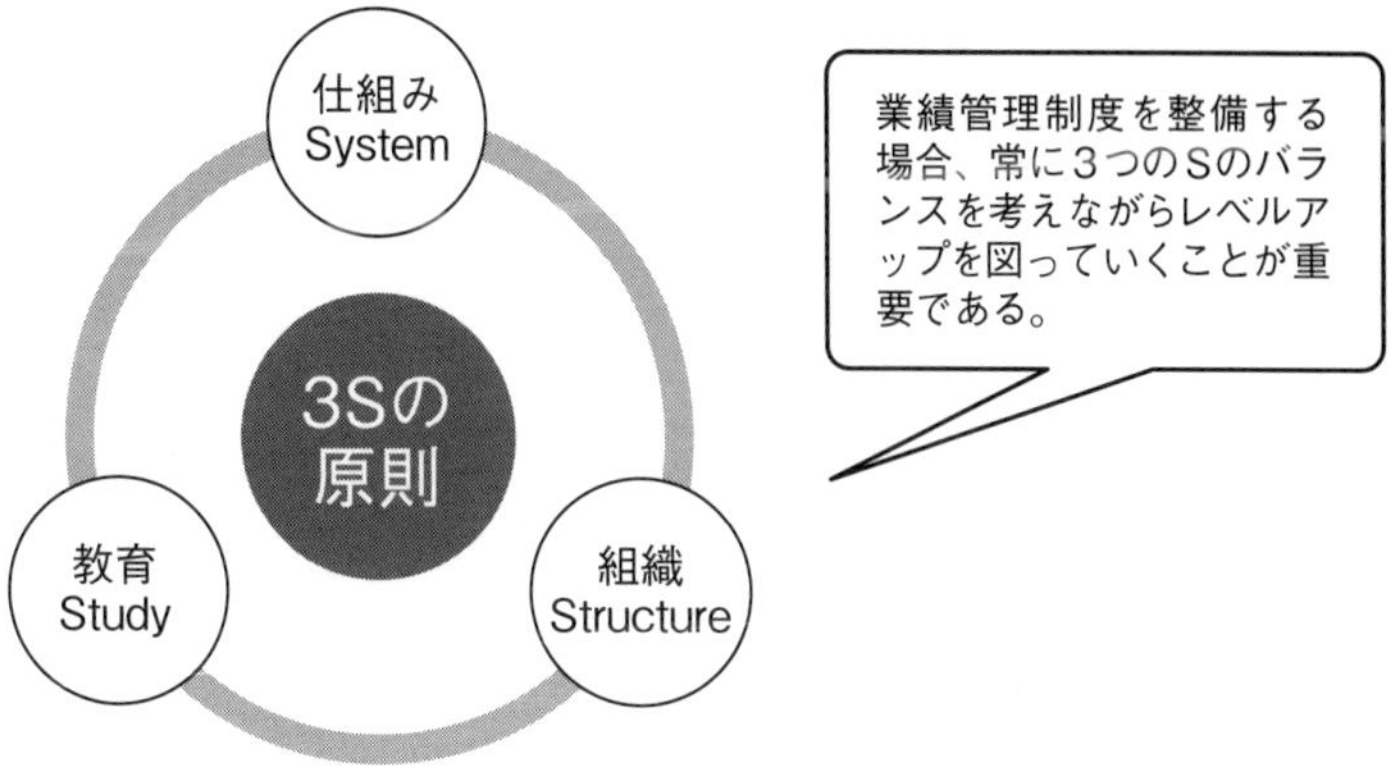

ぎながらシステムを導入するといった光景であるが、ここで重要なのは、導入したのはツールとしての「ソフトウェア」であって「業績管理制度」ではないということである。「ソフトウェア」の導入であれば、それを理解するのは担当部署である経理部門や経営企画部門だけでもよいが、「業績管理制度」を導入するのであれば、それを理解するのは経営者や全部門の管理者でなければならないのである。

業績管理制度を会社に定着させるには、経理処理や原価計算といった計算ルールだけでなく、それを使う人づくりや組織づくりが重要であり、人の動きやすい、育成しやすい組織を作り、合わせて参加者全員の知識をレベルアップさせることが不可欠なのである。

三つのSの意味を簡単に説明すると、次のとおりである。

①仕組み（System）

仕組みとは、業績管理制度の骨格部分であり、会計

図表P・3◉MaPSの法則と3Sの原則の関係

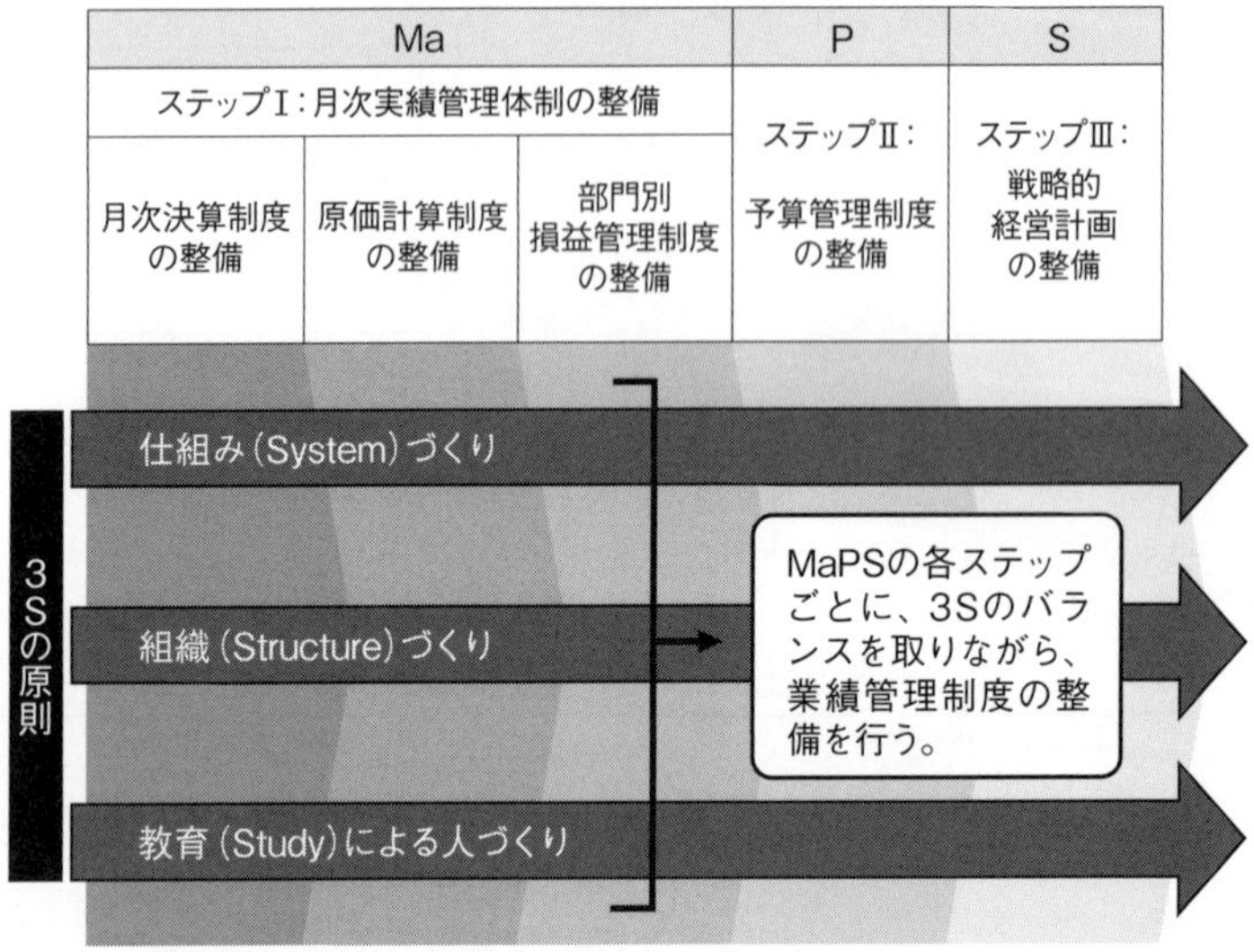

処理のルールや会議用の検討資料のフォーマット、業績検討指標といった制度上の基本ルールのことである。

②組　織（Structure）

一般的に組織というと、組織図に表される営業部や総務部といった社内各部門の集合体のことを指すが、ここでは組織における業務分掌と権限責任の明確化のみならず、会議の活性化や管理スタッフの充実、企画スタッフの充実が管理レベルの向上のためには不可欠であると考え、このような目的が同時に達成された集団を組織と定義し、これらに向けた組織づくりが重要であると考える。

③教　育（Study）

教育とは言うまでもなく、経営幹部や

管理者、一般社員に対する教育のことであり、ＯＪＴやＯｆｆＪＴを通じて、対象となる各階層の部門業務の知識や業績管理の知識の向上を図ることになる。原価計算制度や予算管理制度などを整備する際、これが不十分なことが多く、せっかく立派な仕組みや組織を整備しても、教育を行わなければ、その制度は仏作って魂入れずということになってしまうのである。

ＭａＰＳの法則と３Ｓの原則の関係を表したのが図表Ｐ・３である。

5 MaPSの体系図の説明

① MaPS導入の前提条件

今までの説明で、ＭａＰＳの法則についての考え方と３Ｓの原則の重要性について認識いただけたかと思う。ここでは、さらに深く理解いただくために図表Ｐ・４のＭａＰＳの体系図に従い、それぞれの段階でどのような目的の管理レベルを作り上げていくのか、それに伴い組織と教育のプログラムにあげている項目がなぜ、その管理段階で必要なのかを説明したい。

まず、次ページの図表Ｐ・４をご覧いただきたい。各ステップの組織や教育の改善項目は、我々のコンサルティング経験に基づくものであり、業績管理のレベルを上げるに伴い生じる、経営上の問題意識や具体的な収益改善テーマから必然的に派生する課題を取り上げている。したがって、これらの仕組みや組織、教育に関する課題の改善を行わない限り、それぞれのステップで解説している業績管理制度は機能しにくいという意味で取り上げている。

P	S
ステップⅡ： 予算管理制度の整備	ステップⅢ： 戦略的経営計画の整備
・予算編成のルールを作る ・予算管理のフォームを作る ・業績の先行指標を導入する ・投資の意思決定ルールを作る ・新規投資の撤退ルールを作る	・経営計画の策定目的を知る ・経営計画の策定プロセスとルールを作る ・経営幹部の役割分担を明確にする ・情熱と願望を高くもつ
・予実分析を十分に行う ・予実検討会議を行う ・成果主義の導入を検討する ・各種会議を効率化する	・プロジェクトチームを編成する ・企画スタッフを充実する ・会社の経営体質を改善する ・経営理念を検討する
・収益改善アプローチを教える ・売上予算の編成に必要な営業情報を教える ・顧客開拓手法を教える	・計画の基礎知識を教育する ・Ｍ＆Ａの基礎知識をつける ・新規事業の基礎知識を教える

図表P・4◉MaPSの体系図

	Ma		
	ステップⅠ：月次実績管理体制の整備		
	1．月次決算制度の整備	2．原価管理制度の整備	3．部門別損益管理制度の整備
仕組み	・月次決算のルールを作る ・月次業績検討表のフォームを作る ・業績検討指標を導入する	・原価計算のルールを作る ・月次原価検討表のフォームを作る ・原価検討指標を導入する ・振替価格を利用する	・部門損益計算のルールを作る ・マネジメントレポートのフォームを作る ・部門別の業績責任指標を導入する
組織	・月次決算の迅速化を行う ・業績検討会議を行う ・問題意識を共有化する ・業績オープン化への抵抗をなくす ・業績検討会議を制度化する ・やる気を高める	・作業時間の集計を行う ・数量把握を行う ・原価差額の分析を十分に行う ・原価検討会議を行う ・情報システムを的確に整備する	・部門長の責任と権限を明らかにする ・部門別業績検討会議を行う ・組織をスリム化し、戦力化する ・管理コストの適正水準を検証する
教育	・利益の重要性を教える ・会計の基本を教える ・財務分析を教える ・管理の基本を教える	・ポートフォリオ分析を教える ・商品力分析スキルを教える ・問題解決技法を教える	・業務改善方法を教える ・内部統制の整備方法を教える ・営業活動分析を教える ・営業スキルを教える

②以降の説明を読んでいただく前に、前提となっている中堅・中小企業の経営像について説明したい。標準的な企業モデルは以下の通りである。

〈標準的な企業モデル〉

▼同族経営の中堅・中小企業であり、会社の業績管理はいかにあるべきかを経営者が今まで考えたことがないため業績管理の整備が遅れている会社。

▼倒産が懸念される状況にはないものの業績が低迷しており、収益（利益）向上のために業績管理を体系的、段階的に整備し、業績管理の強化、ひいては経営力の強化まで行うことを経営者は期待している。

上記の前提で、具体的に各ステップの内容と3Sの原則との関連性について説明しよう。

② 月次決算制度の整備（ステップⅠ-1）

MaPSの最初のステップは、月次決算制度の導入である。月次決算は業績管理の基本であり、月次決算の内容（実績把握の対象と分析レベル）を見れば、会社の管理レベルの良し悪しは、おおよそ想像できるものである。

中堅・中小企業では、月次決算の重要性がさまざまな形で指摘されているにもかかわらず、未整備となっている会社が多い。そこで最初のステップでは、月次決算の重要性を全社に訴え、業績を管理者向けにオープンにし、関心をもたせ、業績上の問題について共通意識を作り上げることが目的となる。最近の景気低迷から中堅・中小企業では業績が低迷している会社が多く、その現状と主要な原因について言葉だけではなく数値で理解してもらうのである。

ここでの直接のテーマは、月次決算の整備であり、そのため「仕組み」としては、当然月次決算の正確性やタイムリー性を高めるためのルール作りや業績検討用のフォーム作りと、業績を見る目を養うための分析指標の整備が必要になる。さらにこの仕組みが十分機能するために、「組織」的には、業績をオープンにすることへの抵抗感をもっている経営者の同意が必要であり、月次決算にタイムリー性をつけるために必要な営業など他部門の協力、さらにオープンにした業績を検討するための会議の制度化が必要になる。これらの協力がなければ、月次決算経営の導入が不可能なことはこれまでに経験のある読者や経営者には、よく理解いただけると思う。

このようにして作り上げた月次決算制度も、使う側の管理者に数値の見方、考え方、分析の方法などの基本知識がなければ単に数値を読みあげるだけの業績検討会議になってしまう。そのため、これらの基本知識を「教育」し、経営上の利益の重要性も説明することにより、管理者の問題意識を高めるのである。

③ 原価管理制度の整備（ステップI-2）

月次実績管理の導入の第二ステップは、原価管理制度の導入である。管理者の業績改善の問題意識が高まった段階を経て、ここから具体的な収益改善テーマを検討、改善するための計算の「仕組み」作りと関連する「教育」と「組織」の改善を始めることになる。

原価管理を採用する会社にとって、最も重要な利益となる経常利益に大きく影響するのは粗利益（売上総利益）であり、その改善には原価管理の整備が不可欠である。本章では製造業を想定し、原価管理の「仕組み」では原価計算制度の計算ルール作り、システム作りのポイントを強調している。卸売業などでは商品別、顧客別の粗利益管理がテーマとなり、そのための在庫管理や販売管理のシステム整備が必要になることは言うまでもない。

原価管理データを整備しても、それを収益改善に役立てるには、商品の競争力を分析する商品力分析スキルや重点商品、顧客を選別するための商品ポートフォリオ分析の「教育」が必要となる。さらに、これらの分析スキルで判明した赤字商品などの問題商品や顧客に対してどのような手を打つかを検討する際、その問題整理や対策立案に役立つ技法が問題解決技法である。これらの技法を知らなければ、原価管理情報を収集しても体系的な問題整理や原因分析、対策立案ができないのである。

原価管理制度の導入に伴う「組織」としての改善テーマは生産管理の充実である。原価情報の作成とそれを利用した収益改善には、生産現場を管理するデータの充実や当該部署の管理レベルの向上が不可欠なのである。

原価管理制度の導入もこのように仕組みとしての計算ルール以外に、生産管理組織の充実や原価情報の結果を検討する会議、さらに原価情報を収益改善に生かすための分析手法、対策立案手法など組織と教育の充実が重要になるのである。

④ 部門別損益管理制度の整備（ステップⅠ－3）

月次実績管理の最後のステップは、部門別損益管理制度の導入である。会社には必ず営業組織があり、それが部課別に編成されている。この制度は、組織単位別に利益責任を課し、営業等の現場が利益感度の高い組織運営に生まれ変わる仕組みを導入するものである。

この制度の導入上のポイントは、「仕組み」の面では損益計算のルールに公平性、客観性、納得性を可能な限りもたせることである。また、現場の部門にもわかりやすいマネジメントレポートや業績管理指標を採用することである。

「組織」の面では、このステップまでくると管理職の問題意識や経営をみる目も養われ、視野も拡大してくるため、利益責任にふさわしい職務権限の委譲がテーマになってくる。また、職場別に業績検討会議を開催していると、組織のスリム化や管理コストの削減もテーマにあがるようになる。

「教育」の面では、管理コストの削減や業務の効率化に関連して、業務改善手法や中堅・中小企業ではほとんど意識されていない内部統制の整備の考え方を取り上げている。営業面では売上アップがテーマになるため、営業マンの活動分析の手法や営業マンの能力の標準化を取り上げている。営業活動はブラックボックスになりやすく、個人プレーに陥りやすい傾向があり、これにメスを入れ営業管理を強化し、それにより人材を育成することが狙いである。

このように売上とコスト両面にわたる改善テーマに着手し、改善策を実行することにより部課長の意識はプロジェクトの進行とともに確実に高まり、部門別損益の改善が実現するのである。

⑤ 予算管理制度の整備（ステップⅡ）

「予算管理がうまくいっていない」との悩みの声が多く聞かれる。この原因の多くは、目標設定の前の現状分析の仕組み作りが不十分で、目標（予算）が現実離れや的はずれなものになっているためであると考えてよい。実際の予算編成を見ていると、会社の売上や利益が簡単に上がるものと思っている管理者が多いのに驚くことがある。これなどは、ここでいう現状分析の知識が不足しているからである。したがって、ステップⅠで説明した月次実績管理の仕組み、組織、教育を整備することが予算の精度を高めることにつながるため、予算管理制度を導入する前に、もう一度ステップⅠが十分整備されているかチェックしていただきたい。

さて、ステップⅠの整備が終了した後、これらの管理を通して出てきた収益改善テーマに年間を通して計画的に取り組むため、いよいよ予算管理制度の整備に取組むことになる。

予算管理制度の導入に伴う収益の改善を効果的に行うには、「教育」の面では、予算編成の基礎分析手法となる総合的な収益改善手法、売上アップのための新規顧客開拓手法の標準化、さらに売上予算設定のための顧客情報の収集方法の改善をテーマとして取扱う。

「組織」の面では、予算編成とフォロー会議の制度化はもちろん必要だが、予算達成のためのモチベーションを向上させるため、成果主義の導入が改善テーマとなる。また、ここまで業績管理の各分野の整備を行ってくると社内で種々の会議が開催されるようになるので、その実効性や効率性を検討させるため、会議の効率化手法の導入も必要になる。

さらに「仕組み」の面では、予算の編成ルールやフォームの見直し、統一化は当然必要であり、業績予測の精度を高めるため、先行指標の導入も改善テーマになる。また、予算編成上テーマになりやすい投資案件については、その投資案件の評価方法と投資損失防止のための組織の意思決定の仕組みが必要になってくる。

中堅・中小企業で編成される予算は、経理部だけの作文になっていたり、予算編成の前に十分な予算編成方針を検討していないことが多いため、このように仕組みの改良、それに伴う教育と組織面の整備を行うのである。

⑥ 戦略的経営計画の整備（ステップⅢ）

「経営計画はなぜ作るのか」。この質問に的確に答えられる経営者や管理者は意外と少ない。結論を先に言えば、会社の事業構造を変えるために作るのである。これが戦略的経営計画であり、業績管理制度の最終ステップとなる。

ここまでの月次実績管理と予算管理制度が整備されてくると、会社の管理力や人材力は、導入以前に比べ、多くの点でレベルが上がってくる。これらの整備のために、一般の中堅・中小企業であれば、通常二～三年はかかると思われるが、ここまでのプロセスが確実に実行され、経営や業績の内容が改善されると、そのために頑張っている管理者から、将来どのような会社にするのかという疑問や課題が聞かれ、計画を策定する社内の雰囲気も盛り上がってくるのが通常である。これらのモラールの向上とともに、将来に向っての会社像を経営幹部及び管理者のプロジェクトチーム方式で作らせ、将来の会社像へのベクトル合わせを行うのが経営計画である。

前にも述べたように、計画の策定はこれまでの分野と違い、業界全般とその将来を見通す広い視野、さらにそこから派生する問題の解決能力が求められる。そこでは、従来の経営のやり方や、事業の方向性を根本的に見直さなければならず、戦略性の問われる問題も取り扱わなければならない。そこで「教育」項目として出てくるのが、計画策定の基本知識とともに、収益構造を変えるための手段としてのM＆Aや新規事業の進め方に関する知識の修得である。

プロジェクトチームで計画を策定することが前提となっているため、「組織」面ではプロジェクトチームの編成、また中堅・中小企業では手薄となっている企画スタッフの充実がテーマとしてあげられる。また、経営理念や経営体質の改善や検討が入っているのは、この検討が抜けている会社が多く、体質が計画実現の障害事項になることも多く見られるためである。

「仕組み」の面では、ここで説明した項目を含めた策定プロセスとルール作りが必要であり、戦略性をもたせる経営計画でネックになりやすい策定目的の理解や経営幹部の十分な計画への関与、さらには願望を持ち続けることの大切さなども重要なポイントとなる。

このように、質の高い経営計画を策定するには、ルールなどの仕組みばかりでなく、計画に関係が深い項目の教育や計画に向かうための組織の活性化が重要なのである。

6 MaPSの法則による成功事例

最後に、MaPSの法則の導入がいかに会社に成果をもたらすかについて、ステップ別に成功事例をあげ、その効果を説明してみたい。

①A社：「月次決算制度の整備」による成功事例

このステップは、最も基本的に整備すべき分野であり、業績改善のプロジェクトを全社的に行ったことのない会社では、必ずといってよいほど成果のあがる分野である。

我々は、売上二〇億円程度の同族経営の中堅飲食業であるA社において、この導入指導を行った。A社は決算方針があいまいであり、業績の悪い年は売上を前倒しで計上し、費用は翌期に繰り越したりしていたため、会計方針を厳格に適用することにより正しい決算書を作成し、社長と経営幹部に会社業績の正しい理解と現在の財政状態の危機的状況及び将来の倒産リスクを知らせることで、この分野の指導を進めていった。また、これらの実態を隠すことなく、全社員に知らせるように指導も行った。

その結果、全社的な経費節減運動が盛り上り、また、利益向上意識が管理者や社員にまで伝わり、売上の五％に相当する一億円以上の利益改善効果を達成したのである。

A社はやや放漫経営気味で、外部コンサルタントによるショック療法が功を奏し、大きな成果をあげた典型例であるが、他の会社でも、会社の正しい業績の把握と会社の業績上の問題意識、危機意識を社内に醸成することで、必ずといってよいほど成果のあがる分野である。

②B社：「原価管理制度の整備」による成功事例

このステップは、主に製造業で整備すべき分野であるが、建設業はもちろん、小売・サービス業のサービス原価や店舗コストに応用しても成果のあがる分野である。中堅・中小企業では、原価管理の仕組みが整備されている会社は意外と少なく、原価管理の効果を実際に認識している会社は少ないのが現状である。

我々は、売上が二〇～三〇億円の中堅建設業であるB社に原価管理の導入を提案したところ、この分野は利益を向上する効果は低いと社長や経営幹部に反対された。B社の費用の大部分が固定費であり、原価管理を導入したところで固定費を減らすことなど到底できないというのがその理由であった。

しかし、これらの反対を押切って導入し、厳密な原価管理を実施したところ、B社は固定費の減少効果があっただけでなく、売上を押し上げる効果も現われ、粗利益で数％と期待以上の成果が上ったのである。この原因は、工事別の原価管理を導入することにより、営業責任者や工事責任者がコストの正しい知識と情報を適時適切に習得することができるようになったためであり、各現場の責任者が利益意識をもって受注や施工を実施した結果、予想を上回る売上アップと原価率のダウンの効果が得られたのである。

③C社：「部門別損益管理制度の整備」による成功事例

このステップは、すべての業種に共通して整備すべき分野である。特に、多店舗型の小売・サービス業の会社はプロフィットセンターが細分化されているにも関わらず、店舗別の正しい損益を把握していないか、もしくは店長に知らせていない場合があり、そのようなケースでは、特に成果のあがる分野である。

我々は、売上二〇億円程度の中堅飲食業であるC社で店舗別損益管理制度の導入を指導した。指導前は本社費などの管理費用を各店舗に売上高に基づき一律配分していたのを、店舗ごとの人件費や設備投資額を考慮した配分率に変えたことで、赤字店舗がより明確になり、赤字店舗の採算性を向上することに成功したのである。赤字店舗の店長は、それまで客数や売上高の大きさなど自分に有利な業績要因だけをみて、余裕をもって店舗経営に従事していたが、店舗業績の正しい実態を見せられて意識が変革し、業績改善に取り組んだのがその大きな要因である。

この店長はコスト改善の取組みの一つとして、食材の仕入れを毎日細かく記帳し、料理原価率を日次ベースで把握し、結果として月間の原価率を数%も改善したのである。さらに同様のことが他店舗でも行われるようになり、C社では四〇～五〇百万円の利益アップが実現したのである。

次章からはＭａＰＳの法則及び３Ｓの原則に従い、ステップごとにどのように制度の整備を図れば業績の向上が実現するのかを具体的に説明する。一六～一七ページに掲げたＭａＰＳ体系図を参照しながら、次ページ以降を読み進めていただきたい。

ステップ I

月次実績管理体制の整備

Monthly actual

ステップ

I-1

月次決算制度の整備

3S	ステップⅠ-1：月次決算制度の整備ポイント	
仕組み	❶	月次決算のルールを作る
	❷	月次業績検討表のフォームを作る
	❸	業績検討指標を導入する
組織	❶	月次決算の迅速化を行う
	❷	業績検討会議を行う
	❸	問題意識を共有化する
	❹	業績オープン化への抵抗をなくす
	❺	業績検討会議を制度化する
	❻	やる気を高める
教育	❶	利益の重要性を教える
	❷	会計の基本を教える
	❸	財務分析を教える
	❹	管理の基本を教える

「あなたの会社は月次決算を行っていますか」と聞かれると、そんなのはすでに行っているよ、と言われる会社がほとんどだろうが、以下のような経験はないだろうか。

【月次決算で実務上よく見られる問題点】

▼月次決算が経理だけの財務資料で、社内で公表されず、経営改善の道具となっていない。
▼月次決算の公表が翌月後半になり、せっかくの業績資料がタイムリーに生かされていない。
▼減価償却費や引当金の月割り計上などが行われておらず、正しい月次利益の把握ができていない。
▼月次決算の資料が細かすぎて経営幹部向けのレポートになっていない。
▼月次決算に対する業績の分析が差額の指摘のみで問題点がわかりにくい。
▼月次決算のレポートが損益中心であり、財政状態や資金繰上の問題点がレポートに記載されていない。
▼月次決算のレポート上、他社比較、過年度推移比較が不十分で業績上の問題点が管理者に共有化されていない。

そのような会社はぜひこの章を読んでいただき、月次決算を業績検討の中心に置いた経営、すなわち月次決算経営をぜひ実践していただきたい。ここでの主要テーマは月次決算の迅速化とオープン化であり、管理者に業績向上の意識を向上させること、及び業績向上のための課題の共有化をさせることが目的となる。また、このステップは業績管理制度整備の第一段階であり、改善活動に不慣れな会社はいろいろな理由をあげてプロジェクトの進行をしないことがあるため、指導側のリーダーシップが求められる最初のステップである。

月次決算制度整備のステップは三二ページのとおりであり、ここでは最初にご説明したとおり、三つのS（仕組み、組織、教育）の観点からそれぞれのポイントを説明していくことにする。

仕組み　月次決算の仕組みを作る

1．月次決算のルールを作る

月次決算整備の最初に取り組むのが、月次決算のルール作りである。正しい決算処理ルールに基づかない決算書を見ていても、会社の収益力の実力は見えないし、業績上の課題も見えてこない。

一般に中堅・中小企業では、税務中心の決算が主流であり、決算処理は期末にだけ行い、毎月の経費を発生主義でとらえることや、企業会計基準に基づいて引当金や減価償却費などを毎月見積り計上するような会計慣行はまだ根づいていない。したがって、これらの決算ルールを見直すだけでも毎月計上する費用が本来の水準にまで増加し、会社の収益力の実態がかなり厳しいものであることの認識を経営幹部や各部門の管理者に植え付けることができる。

図表Ⅰ・1のような月次決算のルール作りのポイントとしてあげられることは次の点である。

図表Ⅰ・1◉月次決算ルールの例

勘定科目	年次決算ルール	月次決算ルール
売上	出荷基準	同左
仕入	検収基準	同左
期末商品たな卸高	月次総平均法に基づく原価法（簿価切り下げ有り）	月次総平均法に基づく原価法（簿価切り下げなし）
販売促進費	発生基準（未払計上）	同左
荷造運賃	発生基準（未払計上）	同左
：	：	：
役員報酬	現金基準	同左
給料及び手当	発生基準（未払計上）	同左
賞与引当金繰入額	支給見込額基準	年間見積額を月割計上
：	：	：
減価償却費	定率法	年間見積額を月割計上
貸倒引当金繰入額	一般債権：貸倒実績率 貸倒懸念債権：回収不能見込額	年間見積額を月割計上
：	：	：
受取利息	発生基準（未収・前受計上）	現金基準
支払利息	発生基準（前払・未払計上）	現金基準
：	：	：

【月次決算ルール設定上の注意点】

▼売上計上基準の明確化

出荷基準であれば出荷報告書、引渡基準であれば物品受領書といったように売上計上のタイミングを明確にする。

▼売上原価の算定プロセスのルール作り

仕入の計上基準（入庫基準や検収基準）及び在庫評価基準（総平均法や移動平均法）を明確にするとともに、仕入付随費用等売上原価の構成要素を明確にする。

▼人件費、経費の発生主義計上

各主要費目の支払方法を明確にし、毎月発生月に前払・未払計上を行う。

▼引当金、減価償却費の見積り計上

賞与引当金や減価償却費等決算時にのみ計上していた費用を見直し、主要費目については必ず毎月見積り計上を行う。

詳しい説明は会計学の教科書に譲るが、正しい会計基準に基づいた正しい決算書を作るためにはどのような会計処理が必要かを考え、それを月次決算に取り込む必要がある。甘い会計基準に基づいた月次決算資料を見て業績検討を進めても、管理者の危機意識や利益向上意識は出てこないのである。

2. 月次業績検討表のフォームを作る

業績検討表（月報）の例を次ページ（図表Ⅰ・2）に示しているが、業績検討表の設計のポイントは、次のような点が重要である。

▼会社の業績構造上の問題点が明確になるように、管理表を要約して作る（試算表とは違い、全ての科目や細目を表示する必要はなく、重要科目、特に問題となる科目に注目した表を作り、科目も要約した表示にすること）。

▼表の特徴点は、シンプルさ、わかりやすさと重要点を絞ることであり、複雑な表は、できるだけさけること。その意味では、詳細な明細表、分析表は、付表とすること。

▼分析指標についても同じで、改善したい重要指標に限定して、分析指標を管理表に入れること（たとえば、一般的には、損益分岐点指標、資金繰指標、労働分配率指標及び自社で問題となっている収益性指標が中心となる）。

図表Ⅰ・2◉業績管理表（損益）

主要業績項目	内訳	当月 金額	当月 比率	前月 金額	前月 比率	累計値 金額	累計値 比率	差額 対前月比	差額 対累計値
売上高	A事業								
	B事業								
	C事業								
	小計								
売上原価	A事業								
	B事業								
	C事業								
	小計								
付加価値（売上総利益）									
販売費	人件費								
	経費								
	小計								
管理費	人件費								
	経費								
	小計								
営業利益									
営業外損益	金利								
	その他								
	小計								
経常利益									

主要分析指標		実績 当月	実績 累計	目標値
収益性	総資本経常利益率〔経常利益／総資産〕			
	売上高経常利益率			
	売上高営業利益率			
効率性	労働分配率〔人件費／付加価値〕			
	総資本回転率〔売上高／総資産〕			
	売上債権回転率			
	在庫回転率			
安定性（損益、内部留保の安全性）	損益分岐点比率			
	自己資本比率			
キャッシュ・フロー（資金の安全性）	経常収支比率			
	営業キャッシュ・フロー			
	財務キャッシュ・フロー			

3. 業績検討指標を導入する

月次業績検討表で月次業績の推移を検討する際に、通常注目されないが、検討の材料にしてほしい業績検討指標として、移動平均による売上高の推移がある。

通常、月次業績推移表には、前年同月対比や前月対比、対予算対比の売上高等が掲げられており、これらの対比で毎月の売上の検討がなされる。しかし、景気環境や売上の季節性、会社の好不調の波もあり、なかなか単月での単純な比較はできない。このため、単月の代わりに期首から当月までの累計売上で業績を分析しようとするが、年次決算をはさむとまた一ヵ月目の業績から始まるため、売上推移が右上りなのか右下りなのか、短期的かつ継続的な比較分析はやはり困難である。

そこで利用したいのが六ヵ月や十二ヵ月の移動平均による売上高の把握と検討である。計算は簡単であり、毎月、直近過去六ヵ月または十二ヵ月の売上高を集計し、それらを時系列に並べるだけでよい。

この数値があると常に当月より六ヵ月前や一年前の六ヵ月間または十二ヵ月間の売上高累計がわかり、その累計単位ベースでの売上高の増減の推移がわかるため、売上が右上りなのか右下りなのかがチェックでき、単月の検討ではわからない短期的な売上トレンドの評価ができる。このトレンドが右下りで常に推移していれば抜本的な売上対策や原因追求が必要なことを表わしており、逆に右下りから右上りへのトレンドの転換点が何月かも正確に見極めることができる。また、この移動平均を顧客グループや商品グループ別の売上や受注高を基に算出すれば、さらに深い分

図表Ⅰ・3◉移動平均売上の例

年	月	月次売上高	12ヵ月移動合計	12ヵ月移動平均
×0年	1月	1,003		(移動合計の1/12)
	2月	1,010		
	3月	1,150		
	4月	1,021		
	5月	1,035		
	6月	1,028		
	7月	1,080		
	8月	1,110		
	9月	1,073		
	10月	1,084		
	11月	1,069		
	12月	1,083	12,746	1,062
×1年	1月	1,056	12,799	1,067
	2月	1,039	12,828	1,069
	3月	1,200	12,878	1,073
	4月	1,047	12,904	1,075
	5月	1,042	12,911	1,076
	6月	1,038	12,921	1,077
	7月	1,092	12,933	1,078
	8月	1,170	12,993	1,083
	9月	1,095	13,015	1,085
	10月	1,082	13,013	1,084
	11月	1,073	13,017	1,085
	12月	1,094	13,028	1,086

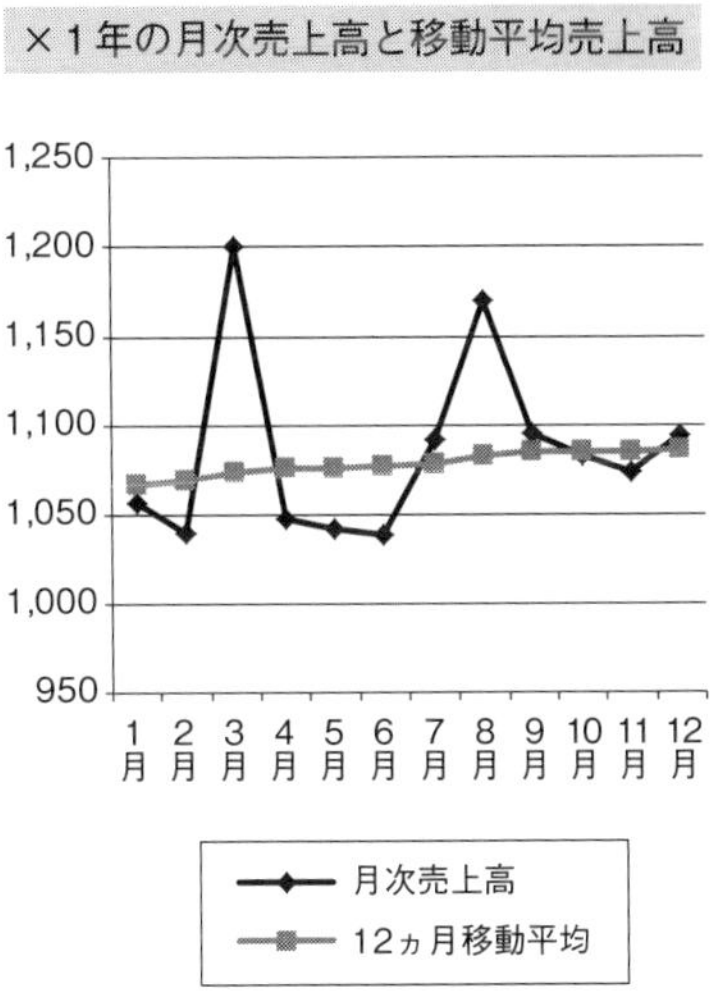

析ができ、これらの短期的なトレンドチェックによるすばやい検討と対策立案が可能となる。

月次業績検討表にこの数値を入れることにより、毎月六ヵ月または十二ヵ月単位の直近売上実績を見ることができ、売上の推移比較が簡単に行えるようになるのでぜひ使ってほしい。

最近では、一～二年おきにリーマンショックや欧州危機、それに伴う急激な円高など景気を左右する要因が発生しており、移動平均による売上高はこれらの短期景気変動要因に対して、自社の景気の転換点がどの月かを見極め、早期に対策を練ることができる有用な指標の一つでもあり、この指標を活用してほしい。

組織　月次決算をスピードアップし、業績検討会議を開催する

1．月次決算の迅速化を行う

月次決算は、翌月一〇日までには終了して、経営者、管理者に提示できるようにする必要がある。なぜそのようなスピードが必要かといえば、決算は過去の経営活動の結果であり、早く結果を把握して、次の経営上の施策や行動に生かさなければ意味がないからである。月次決算でも、タイムイズマネーなのである。現在、翌月中旬または下旬に月次決算を出しているような会社は早急にスピードアップする必要がある。

月次決算のスピードアップには、次のような手順を踏む必要がある。

【月次決算迅速化の手順】

①売上集計業務がタイムリーに終了するか

営業部門や物流部門からの連絡の遅れやシステム上の問題により、売上の確定に何日もかかると月次決算の遅れの原因となる。

②仕入先、外注先等の商品代金の請求書が支払条件どおり到来しているか
③経費の請求書が支払条件どおり到来しているか
月末締めで請求書の支払を行っている会社が多いが、翌月五日以内に到着しないと月次決算業務に支障となることが多い。
④在庫金額の確定がタイムリーに終了するか
在庫管理が手書き、または数量管理のみである場合、在庫金額の集計・確定が遅れ、月次決算の遅れの原因となる。

これらを具体的に解決するには、販売や仕入から月次決算に至る一連の業務を分解して、どの事務処理のプロセスがスピードアップのネックとなっているかを見出して、その工程での事務処理のスピードアップの方策を検討し、改善案を立案し、実行させていくことである。通常よくあるのが、「請求書の到着が遅い」「期限どおりに到着しない」といった外部に起因する問題であるが、これらについては担当部署から先方に改善を依頼するだけではなく、経営者も交渉の場に参加し、解決を図っていく必要がある。また、場合によっては見積りによる計上方法も検討する必要がある。

これ以外によく理由としてあげられるのが、月末から翌月初における経理業務の集中の問題である。中小企業の場合、経理部門が総務業務や財務業務を兼務していることが多く、月初に経費の支払いや給与計算が行われる場合、当然そちらを優先させるため、月次決算が遅れてしまうの

である。しかし、集中化している業務を調べれば、月中でも事前に行える業務があることが多く、当該業務の月中への分散化処理を導入することとなる。場合によっては給与計算日の変更や経費の支払日の変更等、ドラスティックな分散化が必要なこともある。

最後に一言付け加えたいのが、経理業務の外注化の問題である。一時のアウトソーシングブームにより中小企業の中には経理業務の一部を外注化しているところもあり、それによる人員削減効果を謳っている記事もいくつか見られる。しかし、このような企業であっても、規模が大きくなるに従って、経理業務は内製化を行い、この部門を「会社の業績を戦略的に監視する部門」とすることが重要である。理由は前にも述べたが、経営管理＝経理であり、経営管理の重要な機能を果たすのが経理である以上、安易な外注化は会社の戦略業務を外部依存することになりかねず、会社の成長を妨げかねないからである。

なお、外注化を行っている会社は、それを請負う会計事務所の繁忙期の集中による処理の遅れも月次決算の迅速化を妨げる原因となりやすいため、経営者はこのことをよく理解し、外注の可否を検討する必要がある。

2．業績検討会議を行う

月次決算制度の確立の最終目標は、業績検討会議を開催し、管理者と月次業績の良し悪しの分析と検討を行い収益改善意識を高めることである。

【業績検討会議の進め方】

①当月の業績の報告（経理部門）
　売上、粗利益、販管費、営業利益、経常利益などの主要業績ファクターの当月実績、目標値または過年度実績値との比較を行い報告する。

②当月の業績の分析と問題点の指摘（経理部門）
　上記の主要項目の増減理由について、解決すべき短期と長期の問題点を洗い出し発表する。

③当月の業績の分析結果に対する追加指摘事項をコメント（社長、経営幹部）
　②の指摘事項に対する改善指針などを説明する。

④業績変動要因と対策の説明（営業部門等）
　営業部門等より業績増減に関する原因の説明、実施した対策、実施予定の対策をより詳しく具体的に説明する。

⑤上記の対策についての回答
　会議出席者から原因や対策実施の不明点や疑問点を提起してもらい、業績上の問題点の理解や協力を深めてもらう。

⑥社長、経営幹部のコメントと指示
　社長や経営幹部から業績向上への取組み姿勢への説明や対策の不足点や補足点の指示を説明してもらう。

⑦翌月実施事項の確認

議長が翌月に実施すべき事項として会議で決定された事項を確認し、議事録に残す。

会議の流れは、一般に上記のようなスタイルである。議長は社長または幹部とし、最初に会議の進め方などの注意事項、留意事項を説明する。

業績検討会議を行うと出やすいパターンとして、経営者が自分の考え方を一方的に説明し、会議が経営者の方針説明や日頃の指示、命令の独演会になってしまうことがあげられる。この会議の目的は管理者の業績に対する問題意識を高めることであり、経営参画意識を高めることである。したがって、このようなオーナー主導型の会議は望ましくないことは言うまでもない。

この会議では、管理者にできるだけ発言させて彼らの見方、考え方を引き出し、それに誤解があれば是正し、管理者が同じ方向を向いて議論し考える方向にもっていくことが大切である。いわゆる業績改善に向けた組織のベクトル合わせである。そのためにも会議の進行役は、社長以外の経営幹部とし、経営幹部にもこの点を良く理解してもらう必要がある。

業績検討会議はＭａＰＳの最初のステップであり、この段階の会議では、会社の全体業績、財務体質に関する問題意識を高め、共有化することを中心に展開していくべきである。この段階で、業績上の問題としてよく見られる指摘事項は、次のようなものである。

【このステップでの業績上の指摘事項の例】

▼月次損益の変動が大きく黒字月と赤字月が相殺されて年間の利益水準が低くなっている。
▼外注費などの外部委託業務が多く、利益が十分に残らない。
▼利益の内部留保が十分でなく、利益水準が低いため、自転車操業になっている。
▼長期的にみて、過去売上高の伸びが見られず固定費のみ増加傾向にあり利益を圧迫している。
▼人件費が上昇基調にあり労働生産性が年々悪化している。

これらの問題は、短期的な問題と長期的な問題が相互に関連しあって発生しており、分野的には人材教育、管理制度、組織構造の影響を受けて問題が発生している。

これらの問題と詳しい原因と対策については、ステップⅠ-3の部門別損益管理の〔組織〕の項で行う。

3. 問題意識を共有化する

くり返しになるが、このステップの目的は業績検討会議を制度化し、会議での意見交換や経営方針にかかる疑問点の解消を行い、会社全体の利益向上のための意識づくり、土壌づくりを行うことにある。このため、今まで自由にモノが言えなかった会社では、自分の意見を主張する管理者などから、経営者のこれまでの施策に対する疑問点や問題意識が噴き出すこともあるが、これについても、経営者や経営幹部は自分の意見を押しつけず、聞く姿勢を持つ必要がある。なぜなら、このような管理者は、責任感も強く今後のプロジェクトの進行の強い味方にもなるため、彼らの問題意識に真摯に対応する姿勢がその後のプロジェクトの成功につながるからである。

4. 業績オープン化への抵抗をなくす

業績管理制度を強化し、月次や年次の決算を管理者へオープンにすることに関して、経営者が抵抗を示すことが往々にしてある。その理由としては、開示することによって、業績の良い会社では、給与引き上げの要求が強くなるのではないか、一方、業績の悪い会社では、社員が会社に対して不安感を持つのではないかという点である。

これまでの経験では、業績をオープンにした会社はいくつもあるが、会社の決算の数値の見方、考え方を十分に指導し理解を得れば、このようなマイナスの事象は危惧するに及ばないと考えている。それに対するプラスの効果がマイナスを相殺して余りあるからである。プラス効果として第一にあげられるのが、社員の収益改善意欲であり、管理者が利益意識をもって業務に取り組む姿勢へと変化し、数値に強い管理者が育成される結果、これらの効果がオープン化による社員のマイナス行動を補って余りあるものとなる会社が多いと考えている。

5. 業績検討会議を制度化する

月次決算が迅速化され、決算を公表し決算上の問題点が共有化され、管理者の業績改善意識が高まってきた段階で、月次業績検討会議を開始することになるが、重要なことはこの会議を継続的・定例的に実施し、制度化することである。会議の目的は、毎月の月次決算の結果把握と業績の変動要因についての意見交換である。

業績管理制度が整っていないため、この時点では部門別損益や商品別粗利等の管理資料が十分調わず、問題点の分析力は十分ではないが、決算上の問題点を共有化し、意識を保持していくには継続的に会議を実施することが必要である。せっかく迅速化した月次決算の品質を維持するためにも、会議の質はあまり問わずに会議を制度化し、課題を共有化することが重要である。

業績検討会議については、会議の進め方を効果的効率的に行うため、次のようなポイントが必要であり、この点を意識して会議を行うと、会議の成果が出やすい。

【会議の進め方のポイント】

▼事前に会議資料の手配と検討事項を明らかにする。
▼検討事項を予め調べて、原因追究の質問に答えられるようにする。
▼会議ルールを定め、会議の効果、効率をあげる工夫を入れる。
▼同じテーマや改善案のくり返しが多いことがあるため当該テーマの深掘りができるように工夫する。
▼できるだけ表面的な原因と対策の立案や指示に終わらせないようにする。
▼一人の発言時間を抑え、特定の人の独演会にならないようにする。

▼会議が沸騰すると結論が精神論に陥るケースがあるため、具体的施策になるように議題を心がける。
▼前回の会議の結果、要求した事項は、次回必ずフォローして対策の実現可能性を高める。
▼簡単な会議メモを必ず作成して、次回までの検討事項や改善指示を明記しておく。

この会議のポイントは、後のステップでの原価検討会議や部門業績検討会議のポイントと共有化する事項が多いため、それらの会議でも、このポイントに留意して会議を進めていく必要がある。

6. やる気を高める

業績検討会議を行っていると、経営者から「うちの管理者や社員は、やる気がないから問題だ」という趣旨の発言がよくある。しかし、そもそも経営者に責任のない経営事象など生じるはずはない。すべては、社長の責任であり、本来自責の言葉を発するべきで、このような発言がされた場合は、周囲が経営者に注意を促す必要がある。

業績の低迷している会社では、管理者を中心として「他責思考」の社員が多い傾向にある。「他責思考」が行き過ぎると業績改善の障害になりやすいため、特に注意が必要である。

野球のキャッチボールに例えれば、誰かの投げたボールを自分の責任ではないと誰も受け取らないようなものであり、組織での言葉のキャッチボールができていないことになる。言葉のキャッチボール＝コミュニケーションができなければ、業績検討会議など何の意味もなく、業績を改善する意欲など生まれて来ようはずがない。経営者が「他責思考」だと、組織全体に「他責思考」が蔓延してしまいかねないことを経営者はよく自覚すべきである。

これを解決するには、話が飛躍しているように思うかもしれないが、経営者にふさわしい「人間観」「経営観」を身に付けていただくことである。なぜなら、社員のやる気を不振の原因とする経営者には、経営で必要な「人間観」「経営観」が足りないと思われるケースが実に多いからである。したがって、正しい経営を行うための「人間観」「経営観」を学び直していただきたいとの提言も、「やる気」講義に終始する経営者に時には必要になる。

「人間観」についてはステップⅢの組織の項で少し触れているが、経営者の方々は、ぜひ「人間観」「経営観」を学び、社員の意欲、モラール向上を引き出していただきたい。

教育　財務の基本教育を行う

1．利益の重要性を教える

① 利益の重要性、必要性を教える

月次決算を整備する最初のステップで管理者から最もよく質問されるのは、「利益はなぜ必要か」や「どのくらい利益をあげたらよいか」といった基本的なことである。なぜなら、それまでは正しい月次利益が算定されておらず、業績もオープンにされていない結果、利益を目標に経営をする意識が希薄であったため、経営上の必要利益はどのくらいか、同業他社ではどのくらい利益をあげているか、会社の財務の健全化を図るためにはどのくらいの利益が必要かという視点が経営上抜けていたからである。

このため、この段階では基本的な考え方として、利益を上げていかないと会社は成長できないこと、経営理念としてよく掲げられている「社員の豊かさ」を追求するためには、利益を上げていかない限り不可能であることなどを説明する。さらに、利益は会社の社会的存在価値を示し、利益を上げてない会社は、税金の支払能力がなく、社会貢献ができていないこと、また、競争という視点から見ると、利益は会社の競争上の優位性を示す指標でもあり、利益が低迷している会社は、業界での存続が危ういとみなされることなど、多様な視点から経営上の利益の不可欠性を説明することが必要である。

このように、会社における利益の不可欠性を訴えた後に、会社の現状の体力を考えると、現実ではいくらの経営上の利益が必要かを説明することが重要である。経営上の必要利益は、会社の業種、業態、財務体質などによって異なるが、事業上のさまざまなリスクに対処するためには、どの会社においても必要な利益として、経営資本（総資産でもよい）の五％以上が望ましい。

② 損益分岐点の営業日を知る

利益の重要性を認識させる上で、損益分岐点を教えることが大変有用である。損益分岐点とは、売上と総費用がちょうど等しくなる（＝利益がゼロとなる）水準の売上高のことであり、公式①

により算出される。

変動費率（変動費÷売上高）が一定の場合、固定費の上昇に応じて損益分岐点売上高も上昇するため、固定費の増加は不況抵抗力を弱めると一般に言われている。

会社の費用には固定費が多く含まれている。人件費はもちろんのこと、経費の大部分も固定費であることが多い。会社の売上高からマイナスされる総費用のかなりの部分が固定費から構成されるという認識が管理者、経営者の双方に必要である。

ある経営者は「会社は毎月一日から営業日が始まった場合、最初の営業日にその月の固定費の全額が確定する。したがって、月初に固定費分だけの赤字がまず計上され、それを一日以降の営業による粗利益という黒字で回収しているのである。」と述べている。会社の固定費の重みと日々の売上高や粗利益がどれだけ大切かをこの言葉は言い表している。

損益分岐点とは、まさにこの大切さを知る重要な道具であり、ぜひとも管理者に教育をされた上でこれをご活用いただきたい。そのためにはまず、会社の総費用（売上原価、販売費及び一般管理費等）を分解し、固定費と変動費に区分する必要があるが、これまでの経験では、

公式①　損益分岐点の売上高算出

売上高－総費用（変動費＋固定費）＝利益

$$損益分岐点売上高=\frac{固定費}{\{1-(変動費÷売上高)\}}$$

（注）　変動費：売上等に比例して増減する費用

　　　　固定費：売上等に関わらず一定額発生する費用

理論書などでは変動費とされていた費用が売上の減少に応じて減らないことが多いため、これらの費用を固定費とし、年次決算を区分集計することが望ましい。次に、算出された年間の固定費を月額に按分し、月次決算の検討の中で、日々の売上や粗利益により獲得した限界利益（売上高－変動費）の累計額が月額固定費を回収する営業日を業績指標に加えるのである。

日本の会社の場合、損益分岐点比率は九〇％前後であるため、会社の営業日が二〇日前後であれば、十八日前後が損益分岐点の達成日となる（図表Ⅰ・4）。

例：五月の固定費が一八〇〇、毎日の限界利益が一〇〇の場合（五月の営業日は二〇日）

損益分岐点達成日＝1,800÷100＝18日

毎日、粗利益の集計を行い、この損益分岐点達成日をリアルタイムで知ることにより、日々の売上高や粗利益の積み重ねが、いかに大切か、一日一日の売上アップの行動がいかに重要かを管理者は知ることができる。しかし、この集計には営業からの受注や売上の報告が日々必要であり、業種によっては困難かもしれないが、大部分の業種では工夫次第で日次の売上高や粗利益の集計は可能である。

この分析指標を日常の業務管理及び月次業績検討表に入れることで、営業部門は売上のタイムリーなインプットや集計の重要さを知り、日次決算の重要性やスピードアップの必要性がわかるのである。

なお、ステップⅠ－3で解説する部門別業績検討の指標においても、部門別損益分岐点の営業

図表Ⅰ・4◉売上高・費用と損益分岐点

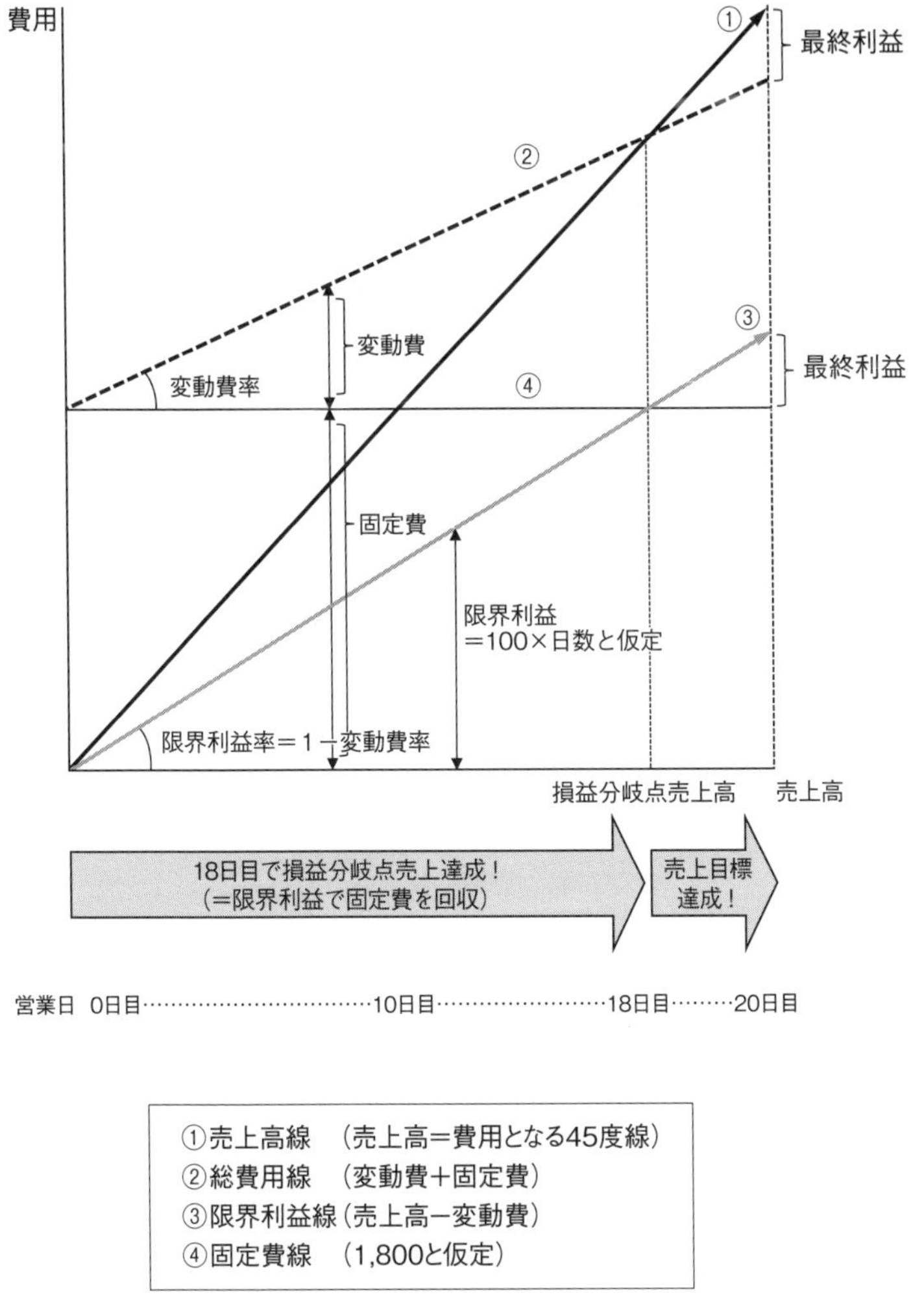
費用
①
最終利益
②
変動費
変動費率
④
③
最終利益
固定費
限界利益
=100×日数と仮定
限界利益率=1-変動費率
損益分岐点売上高
売上高
18日目で損益分岐点売上達成！
(=限界利益で固定費を回収)
売上目標
達成！
営業日 0日目……10日目……18日目……20日目
①売上高線 (売上高=費用となる45度線)
②総費用線 (変動費+固定費)
③限界利益線(売上高-変動費)
④固定費線 (1,800と仮定)

日を加えることにより、管理者の業績管理がよりタイムリーになり、業績管理責任が明確になり、有効な管理ツールとなる。

2. 会計の基本を教える

① 会計の重要性を教える

会計というと簿記の本を思い出し、会計科目や仕訳などの専門用語を覚えるばかりでおもしろくないと考えている人が営業職などに意外に多い。これは、会計をおもしろく説明できる専門家や専門書に出会ったことがないことが原因である。奇抜なテーマの会計本が売れているのは、それらの要因からである。

会計は、ビジネスを理解する上での基本スキルであり、その重要性は誰もが指摘している。したがって、まず会計知識の教育の前に、会計の重要性を教えるため下に示す教育メニューのポイントをもとに知識の重要性、必要性を説明する必要がある。会社の経営課題の発見や業績改善のために、会計がいかに役立つかを認識させ、会計

会計の重要性教育メニュー（管理者、幹部向け）
（数字に弱い幹部は生き残れない）

1. 会計を知れば、経営者、幹部の意思決定が効果的にできる。
2. ビジネスの仕組みは、会計を知らないとわからない。
3. 会計の本質を知れば興味がわく。
4. 借方、貸方の仕訳の理解がすべての基本。
5. 経営分析を知れば興味が増す。
6. 著名な経営者の会計の見方はこうだ。
7. 意思決定に重要な会計分野はここだ。
8. P／LだけでなくB／Sの理解が重要。

のおもしろさを理解させ、管理者が知識の修得に積極的になるよう、ぜひこのような視点を取り入れた教育を業績管理導入の最初の段階で行っていただきたい。

② 貸借対照表、損益計算書、キャッシュ・フロー計算書の基本構造を理解させる

貸借対照表、損益計算書、キャッシュ・フロー計算書の財務諸表三表は、会社の業績上の問題点を分析するのに欠かせない決算書である。決算書の問題点を理解するには、これら三表の見方、考え方を教育し、三表から見えてくる経営上の基本的問題を読み取れる力を要請する必要がある。次の財務分析の項でも解説するが、これら三表で把握すべき問題点は、主に会社の収益性の良し悪しや効率性、安定性についてである。

これまでの経験上、中堅・中小企業でよく指摘される決算書上の重要ポイントは、次のようなものである。

【決算書上の重要ポイント】

▼会社の売上総利益率は、会社の取扱商品の競争力を表すものであり、この比率が低いと会社の商品に問題があることを示す。

▼販売費及び一般管理費の中で、人件費が上記の粗利益に占める割合を人件費率（労働分配率）というが、この比率が優良企業は四〇％以下であり、収益性や生産性の低い会社は五五～六〇％近くと

なり、六〇％を超えると大部分の会社は赤字決算に陥ることとなる。
▼損益分岐点が九五％を超える会社は、景気変動に弱く、経営の柔軟性や余裕度がなく、不況抵抗力がない会社である。
▼自己資本比率二〇％前後が普通の財務体質の会社で、それ以下は財務体質の弱い会社であり、過去の経営努力の結果である利益の内部留保が足りない会社である。

自社や同業他社の決算書上の問題点を財務諸表三表から読み取り、その内容を経営施策とからめて理解させることにより、管理者の問題意識は必ず高まってくるものである。

③　月次決算の勘定科目を理解させる

損益計算書は、大きな勘定科目の体系から成り立っており、大別して、費用では、仕入コスト（製造原価）、人件費、経費、金利、その他に分かれており、それら大分類の費用合計が、売上高のうちどのくらいを占めているかを理解させることがまず重要である。

次に、大分類の費用の中に主にどのようなものが含まれているかを理解させることになるが、その際、管理者が日頃誤解している点を明らかにし、偏見なく理解させる必要がある。

管理者からよく出る疑問として、当社は「管理コストがかかりすぎているのでは」「役員報酬が多いのでは」「経費にムダが多いのでは」といったものがあげられるが、これらはいずれも自分達の知らないところで支払われている費用であり、この種の費用に管理者は疑問を持っていることが多い。このような場合、疑問には的確に答え、隠したりうやむやにしたりしないことが必要である。たとえば、世間相場ではこのくらいですよ、とか会社の特殊要因を考えるとこのくらいは妥当ですよ、と答え、明らかに過大なものについてはその旨を正直に回答することが望ましい。ただし、役員報酬、特にオーナー役員の報酬については、背負っている経営上のリスクに対するリターンの意味があるため、過大な報酬の定義づけが難しい場合がある。

最後に、勘定科目をより深く理解させるため、さらに細かい科目別の内訳を見せてどういう科目にどのような支払い項目が入っているかを説明する必要がある。これは、日頃、管理者が意識することなく使っている経費が積み重なると相当の金額に達し、会社によっては人件費の一・五倍から二倍近くを占めることがあることから、このような科目の支払内容の理解が、売上にとって本当に必要なコストは何かを意識させる上で重要であり、欠かせないプロセスだからである。

一般に、厳しい売上環境下で収益改善提案を行うと、経費カットが最初にテーマとしてのぼる会社が多い。このような会社の場合、収益改善活動と経営上の必要なコストと利益という意識を徹底させるだけで、売上高の数%の収益改善効果が出ることがある。このようなケースを見ても、日頃経費に関して無意識にコストをかけていることが多いことの証左であり、管理者に経費科目の教育を行い、経費に対する日常的な意識付けを行うことが非常に効果的であると思われる。

3. 財務分析を教える

① 財務分析手法の見方、考え方を教える

財務教育の総仕上げとして、この段階では、よく使う分析指標を理解させ、決算書に簡単な分析手法を導入すれば会社の重要な業績上の問題点は把握できることを教える必要がある。

分析手法を解説した本では、収益性分析、安全性分析、効率性分析、損益分岐点分析、など二〇個以上の分析指標を網羅して解説している。また、会計事務所によっては、これらの指標を網羅した一覧表を会社に提出して分析指標を解説している所もある。しかし、これら多くの分析指標を多用したところで、経営者の頭はいろいろ数値が出てきて混乱するばかりである。多くの指標を網羅しすぎることはあまり有効とは思えないのである。

会社の重要な問題点は、基本的な五つ程度の分析指標を計算すればわかることであり、その他の指標はそれを補完する程度に使えば十分である。ややもすると分析指標におぼれ、問題点がぼけることがあるため、管理者に教える上では十分な注意が必要である。

一方、分析手法に関して実務で有効なものは、同業他社分析と趨勢分析である。前者はライバル会社との比較分析であり、日常よく接しているライバル会社との財務諸表や分析指標を比較するため、分析結果が現実的であり、問題のとらえ方が積極的になるメリットがある。また、後者は自社の損益状況や財政状態の変化を過去五～一〇年の推移でみるものであり、悪化傾向や改善傾向のトレンドがわかり、管理者の危機意識を作りやすいメリットがある。

ライバル会社の決算書は手に入りにくいのではとの疑問があると思うが、信用調査機関を通して入手すればある程度入手は可能であり、もし入手できなければ、中小企業庁から公表されている中小企業の経営指標で代替することも有効である。

特に中小企業の経営指標は赤字企業と黒字企業の平均指標や業種別分類があり、同業の中小企業の平均像との比較が容易であり、これを活用するとさらに業績向上の理解や意識が高まる効果がある。

② 財務分析は結果であり、原因は分からない

前項では、財務分析は重要な指標に限定して分析し、分析ポイントがぼけるのを避けるべきであることを指摘した。

もう一つ重要なポイントは、分析指標はあくまで結果であり、本当の原因は分からないということを理解した上で利用することが重要である。健康診断で異常値が出

公式② 代表的な分析指標の例

【総合指標】

総資本経常利益率＝経常利益÷総資本（総資産）×100

【収益性】

売上高経常利益率＝経常利益÷売上高×100

売上高営業利益率＝営業利益÷売上高×100

【効率性】

労働分配率＝人件費÷付加価値×100

（卸売業の場合、付加価値≒売上総利益）

総資本回転率＝売上高÷総資本（総資産）×100

売上債権回転率＝売上高÷売上債権×100

在庫回転率＝売上高÷在庫×100

【安定性】

損益分岐点比率＝損益分岐点売上高÷売上高×100

固定長期適合率＝固定資産÷（固定負債＋純資産）×100

【キャッシュ・フロー】

営業キャッシュ・フロー、財務キャッシュ・フロー、経常収支比率等

ても、本当の原因はさらに精密検査をしないとわからないのと同じである。したがって、財務分析は問題点の所在の把握にとどめ、詳細な原因分析は、管理者を集めた業績検討会議や次のステップである原価管理や部門別損益管理の段階で行うべきである。

なお、財務分析というと、優良企業は分析しても何も指摘すべき事項はないのではと誤解している人が多いが、優良企業の多くは収益性と安定性は良好であるが、成長性に問題が生じているケースが多い。また、急成長企業では成長性、収益性が高いが、安定性に問題が生じやすい。

これは、人間の意識からみても当然のことで、豊かな人は自然と安定志向になり、チャレンジ意識が弱まるため成長志向は衰えるものである。このように財務指標三つのバランスを良く整えるのは至難の業なのである。「経営はバランスの妙の追求である」とある経営学者は言っているが、この財務分析指標を整えることの難しさは、それを教えてくれる。

4．管理の基本を教える

業績の低迷している会社で典型的にみられるのは、仕事が忙しいのを口実に業務の標準化が行われておらず、同じ失敗、仕事上のミスがくり返し行われていることである。いわゆる仕事上のミス、ロス、ムダ、ムリの反省が会社として行われておらず、多忙を言い訳に「管理の基本」が定着していないのである。

このような会社では、次ページ下の表のように管理についてわかりやすい言葉で説明し、仕事や業務はやりっ放しにせず、仕事の改善には、管理の基本に従うことが重要であることを教育する必要がある。

　このような管理思考の教育とともに重要なのが職場での5S（整理、整頓、清掃、清潔、躾）活動の導入である。業績が低迷している会社は社員のモラールが低下していることが多く、職場の規律やマナーも乱れていることが多い。このような会社の場合、ルールを守らせる習慣づくりがまず必要なため、5S活動を社内に定着させることを他の業績改善活動よりも優先して行うべきである。

　ある著名なコンサルタントの言葉に「業績を変えたければ行動、考え方を変えろ。行動、考え方を変えたければ、習慣を変えろ」というのがあるが、この習慣づくりの基礎として5Sを導入するのである。職場での基本プレーである5Sを定着させることで、会社全体で統一し

管理とは

- ▶管理とは、自分達の仕事の反省のことであり、反省のない所に仕事の改善は無い。
- ▶管理は「あるべき姿」を明確化し、それに近づける努力をすることである。
- ▶管理は仕事の質、コスト、期限を改善（良く）することである。
- ▶管理は、「あるべき姿」から問題を見つけ、その原因を探り、対策を立て実行し、問題を解消することである。
- ▶管理は、問題が生じないよう仕事を標準化、ルール化することである。
- ▶管理は、誰がやっても同じ結果を出すよう仕事のノウハウを共有化することである。
- ▶管理は、人間を成長させ、また、会社も進化、成長させる要である。

た活動、すなわち、ベクトルの合った活動が成功すれば一定の成果が得られるという体験を社員に積ませることができ、その後の業績改善活動へと進むための自信を職場に植えつけることができるのである。

初めから業績改善のテクニックを教えても、ルールを守る慣行のできていない会社では目に見える結果が出にくいため、誰でも理解しやすい5S活動から業績改善活動を始めるのも一つの有効な方法である。

ステップ

Ⅰ-2

原価管理制度の整備

3S	ステップⅠ-2：原価管理制度の整備ポイント	
仕組み	❶、❷	原価計算のルールを作る
	❸	月次原価検討表のフォームを作る
	❹	原価検討指標を導入する
	❺	振替価格を利用する
組織	❶	作業時間の集計を行う
	❷	数量把握を行う
	❸	原価差額の分析を十分に行う
	❹	原価検討会議を行う
	❺	情報システムを的確に整備する
教育	❶	ポートフォリオ分析を教える
	❷	商品力分析スキルを教える
	❸	問題解決技法を教える

ステップⅠ－1で月次決算制度が導入され、定着してくると、経営幹部や管理者の業績に関する共通認識や問題意識が向上し、業績や月次決算への関心度が高まるため、次のステップとして、粗利益改善のための具体的な収益改善活動である原価管理の導入に入ることになる。業績の低迷している会社では月次決算制度の導入により、経営幹部や管理者の危機感が向上しただけで経費削減運動が自主的に発生し、利益がアップすることもあるが、それは単なるショック療法であり、長続きは難しいため、継続的で具体的な収益活動はこの原価管理から本格化することになる。

「原価管理」というと、一般には製造業で行われる生産管理や原価計算に限定されたイメージがあるが、ここでは製品別や商品別、あるいは工事別やサービス別の原価計算を行い、これらと売上高を対比させることにより算出される区分別の売上総利益、すなわち粗利益の管理制度を整備する場合のポイントを説明する。したがって、製造業だけでなく、卸売業や建設業、サービス業の方々もぜひお読みいただき、自社の粗利益管理をレベルアップしていただきたい。

製品別や商品別の粗利益管理を行っている会社は多いと思われるが、以下のような経験はないだろうか？

【原価管理で実務上よく見られる問題点】

▼在庫管理が数量管理のみであり、実地棚卸時以外は商品別の原価が把握できない。(卸売業の場合)
▼工事別の原価や製品別の原価計算が行われていない。

▼原材料の原価は製品別に把握されているが、労務時間や経費が製品別に集計されていないため、実際の製品別原価が把握できない。
▼製品仕様書などにより、製品別の標準原価が設定されているものの、実際原価との差額が製品別に把握されていない。
▼原価計算のレポートは作成されており、製品別の原価差額も把握されているが、差額の分析が行われていない。

これらが不十分だと、商品別や製品別の粗利益（売上高－売上原価）が適正に算定できていないことになり、個別の商製品の採算性や顧客別の収益性が把握できないため、適切な商品戦略や顧客戦略をタイムリーに講じられないことになる。そのような会社はぜひこの章を読んでいただき、売上・売上原価・在庫を商品別や製品別に把握し、これらの粗利益を毎月改善することにより、レベルアップした月次決算経営を実践していただきたい。

とはいえ、中堅・中小企業の場合、原価計算の専門的知識が必要であることや原価計算ソフトの開発コストが高いことなどの障害により、なかなか原価管理の導入が進んでいないのが実情である。しかし、現在は汎用の原価計算ソフトも多く発売されており、これらを自社用にアレンジすることにより有効活用し、前章の月次決算制度が整備、運用された時点でこの分野の整備に着手すべきである。

原価管理制度整備のポイントは六四ページのとおりであり、次節からそれぞれを説明する。

本論に入る前に一つだけ触れておきたいのが、原価計算の整備時における経営者の「原価」に対する誤解である。すなわち、前章でも述べたが、原価の大部分は固定的な要素が多い人件費などであるため、原価計算を導入してもコストダウンにはつながらず、手間をかけて原価計算をやっても効果は少ないと考えている経営者がいるのではないだろうか。

しかし、原価を構成しているのは労務費以外にも材料費、外注費、経費があり、これらの中には変動費的な要素が含まれている。したがって、原価を把握すれば、どの製品の変動費率を低下させれば大きな費用削減につながるかがわかり、これらを積み重ねることにより全体のコストダウンにつながるのである。たとえ固定費がすべてであっても原価計算の導入によって製品ごとの粗利益がわかるため、どの製品の売上高を向上させれば全体の粗利益向上につながるのかがわかることになる。また、どの製品の固定費を下げて、他の生産に固定費を使うべきなのかがわかることになる。

もし、このような誤解をお持ちの経営者がいらっしゃる場合、ぜひ次ページ以下を参考にして、経営資源（人、材料、設備、外注）を有効活用し、粗利益改善のための課題を発見できる、効果的な原価管理を導入していただきたい。

仕組み　原価計算の仕組みを作る

1．原価計算のルールを作る

前章では月次決算整備の第一段階として月次決算ルールを作成したが、同様に原価管理を整備する際に最初に取り組むのが原価計算のルール作りである。

中堅・中小企業では原価計算を行っているものの、その多くは税務申告のためであり、仕様書をもとに材料費や労務費を概算で見積り計算したり、販売価格に予想原価率を掛けたりすることにより、製品単価を決定し、期末在庫を計上している。これでは実際の製造費用が増加しても、製品単価には何の影響も与えないため、いったいどの製品の単価がどの程度上昇したのか、どの製品の販売価格をどの程度見直せばよいのかがまったくわからず、経営者はカンで経営せざるをえなくなってしまう。このため、適切な原価計算ルールを作成し、適正な製品原価を算定することにより、経営者のみならず、経営幹部や各部門の管理者も生産に関する共通の認識ができ、経営改善のためのベクトルを合わせることができるのである。

【原価計算ルールの決定項目】

1．月次会計方針の決定

2. 勘定科目の定義づけ
3. 原価計算制度の決定
4. 直接費と間接費の区分と範囲の決定
5. 材料費の計算と把握方法
6. 労務費の計算と把握方法
7. 経費の計算と把握方法
8. 間接費の計算と把握方法、間接費の配賦方法
9. コストセンターの決定
10. 実際原価と予定原価の利用方法
11. 原価差額の集計把握方法
12. 原価差額の分析方法
13. 原単位の決定方法
14. 原価勘定間のつながりと原価帳票の様式設計

また、原価計算は、生産情報である数量データに会計情報で把握した金額データを関連させる作業であるため、会計情報と関連の深い生産情報が次ページ図表Ⅰ・5のように不可欠であり、その情報体系の事前整備が求められる。したがって、これを導入するためには工場や総務部門など多くの部署を巻き込んだ原価計算制度の導入プロジェクトを立ち上げ、経営者の協力のもと、適切に運営しないと途中で挫折することにもなりかねないため、注意が必要である。

図表Ⅰ・5◉原価計算に必要な情報システム

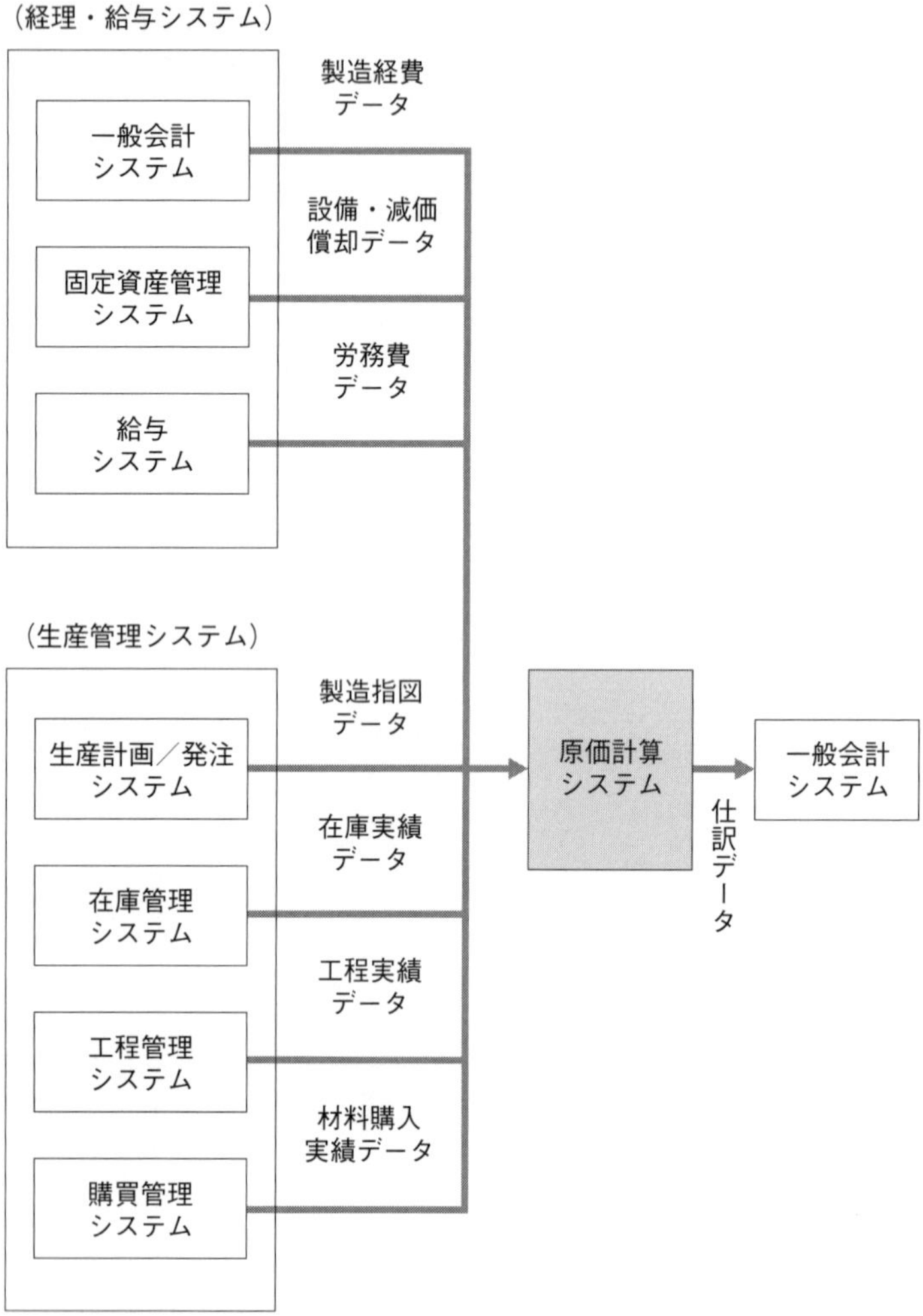

2. 原価計算ルール設定上の注意点

① 段階的ステップをとる

原価計算ルールの設定上、まず重要なことは、最初から精度を高く求めず、徐々に高めていく段階的ステップをとることである。

原価計算はモノの流れに合わせてコストを把握する計算システムであるが、モノの流れやコストの発生を過度に正確につかもうとすると、製造工程をいたずらに細分化したり、機械一台ごとの減価償却費を把握しようとしたりするため、結果として原価計算のシステム構築に多大の時間やコストを要したり、構築後の運営が複雑かつ困難になってしまうのである。

このため、原価計算導入の初期段階においては、細かなモノの流れやコストの把握はできるだけ捨象し、八〇％程度の精度を目標にして、計算制度のルールを定めることが肝心である。具体的には、作業工程の把握が難しい部品費や製品別の消費量がわかりにくい水道光熱費など、材料の動きや費用の把握が難しい項目は、無理に工程を分けたり、製品別に費用を賦課しようとせず、製造間接費として一定の基準で配賦することである。ただし、会社の製品の付加価値アップに重要な工程や作業を見極め、そこで発生しているコストや時間については厳密に実績データを把握するシステムを構築し、そこを中心とした原価計算のプロセスを作り上げることが肝心である。

事例をあげると、多品種少量生産の製造業で個別原価計算制度を導入する際、原材料、半製品の複雑な中間工程の流れは一切無視して主要原材料の消費高のみに焦点をあてた計算プロセスを作り上げることにより、製品のコストの精度には大きな影響を与えずに簡易で安価な原価計算システムが構築できる場合がある。また、建設業で工事別原価計算制度を導入する際、原価計算の対象を中・大規模工事に限定し、費用の範囲も費用全体の八〇～九〇％に限定してコスト計算を行うことにより、会社の損益管理に十分耐えうる原価計算システムが構築できる場合もある。

② 実際原価にこだわらない

次に重要な点は、原価集計の際に使用する材料費や労務費の実際原価にこだわりすぎて計算スピードを犠牲にしないことである。なぜなら、すべての費用を実際原価にこだわって計算しようとすると、まず通常の月次決算により材料費や労務費を確定しなければならず、その結果に基づき各工程ごとに費用を集計し、これらを最終的に製品別に集計するといった原価計算プロセスが必要となり、結果として製品在庫の確定及び月次決算の締めが大幅に遅れてしまうからである。

したがって、原価計算システムの構築にあたっては、できるだけ予定原価を使用することが重要であり、原価計算のスピードを遅らせるような実際原価の集計にはあまりこだわらないことがポイントとなる。たとえば、材料費、労務費の計算などは、過去の実績に基づいた平均材料費単価や平均賃率などの予定単価を用い、数量のみ毎月の実際使用量や実際労働時間を利用することにより、月次決算と並行して原価計算を進めることができ、これまでとほとんど変わらないタイミングで月次決算を確定することが可能になる。材料費や労務費の単価変動が少ない場合や製造間接費がある程度予測できる場合は、このような工夫を入れて計算スピードを高め、計算工数を省力化することが重要である。

③　装置型産業では設備、機械のコスト中心に考える

一般的な原価計算の本では、労務費を直接労務費と間接労務費に区分して説明しているが、装置型産業的色彩が濃くなっているわが国の製造業では一部産業を除き、直接工はほとんど製造現場に存在せず、その大半が工程管理や品質管理などに携わっている間接工であり、労務費の大半が間接労務費である場合が多い。さらに、このような業種では、直接工の作業自体も機械の稼働や監視業務であることが多く、すべてを間接労務費としてとらえる方が製造現場の実態にかなっているとも言えるのである。

この場合、製品の付加価値を決めるのは機械による加工作業であり、原価計算におけるコストの発生源の中心に位置するのは機械運転時間である。したがって、このようなケースでは機械の加工、運転に合わせた原価計算のプロセスを作り上げることがポイントとなる。具体例をあげると、材料費以外の費用はすべて製造間接費とし、機械を単位として製造間接費を集計し、それぞれの運転時間に基づき製品単位に配賦するような原価計算システムを構築することが考えられる。

このような装置型産業においては、直接労務費や直接作業時間を中心に原価計算ルールを設定すると、製品の価値計算に合わない原価を求めることになるため注意が必要である。

3．月次原価検討表のフォームを作る

月次原価検討表は、工程別の総合原価計算を行っている会社であれば、次ページ図表Ⅰ・6のような検討表が業績分析上、重要となる。

図表Ⅰ・6●原価検討表（製造費用）

費用		（第××部門）			（第××部門）			（第××部門）			（第××部門）			合計		
		実績	予定	差額	実績	予定	差額	実績	予定	差額	実績	予定	差額	実績	予定	差額
直接材料費	A 材料															
	B 材料															
	C 材料															
	合計															
直接労務費	D 費用															
	E 費用															
	F 費用															
	合計															
直接経費	G 費用															
	H 費用															
	I 費用															
	合計															
間接費	間接材料費															
	間接労務費															
	間接経費															
	合計															
（原価検討指標） ① ② ③ ④ ⑤																

装置型産業で、固定費が大きい会社では、原単位（製品一単位当たりに要する固定費）の予定と実績を分析するため、稼働率に関する業績項目も加えた方がよい。

この検討表を作るポイントは、月次業績検討表と同じく重要項目に限定し、シンプルでわかりやすく、また、業績すなわち原価の変動原因がどこから生じたものかが、一目でわかるような表とすることである。

4．原価検討指標を導入する

原価に係る業績検討の指標は、大きく分けて製造費用に関するもの、製品グループ別のもの、及び生産性に関する指標に分かれる。

製造費用に関するものは、直接費（材料費、労務費、経費）、間接費の部門別や工程別の発生額と予定額の比較により、原価差額の発生状況をみるものである。製品グループ別のものは、製品ごとの予定生産価格と実績単価の比較により、製品グループ別に原価差額の発生状況をみるものである。

これらの発生状況の原因追究のためには、直接材料費で言えば、価格差異と数量差異が生じた原因となる分析資料が必要となる。また、直接労務費では、賃率差異と時間差異の分析資料が必要になり、間接費については、能率差異、操業度差異、予算差異に展開する分析資料が必要になる。

これらの分析指標のデータをすべて整備することは不可能であり、また、費用対効果も小さい

図表Ⅰ・7◉原価差額の例（標準原価計算の場合）

（直接材料費差異）

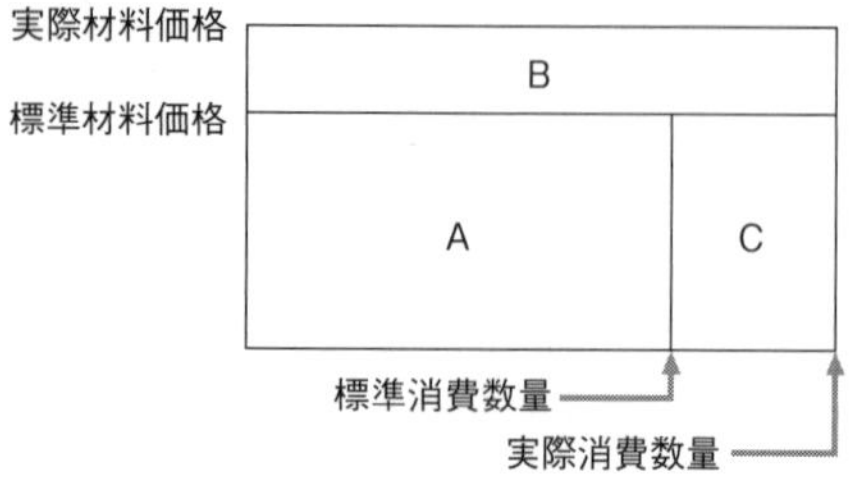

実際材料費＝A+B+C
標準材料費＝A
価格差異＝B
数量差異＝C

（直接労務費差異）

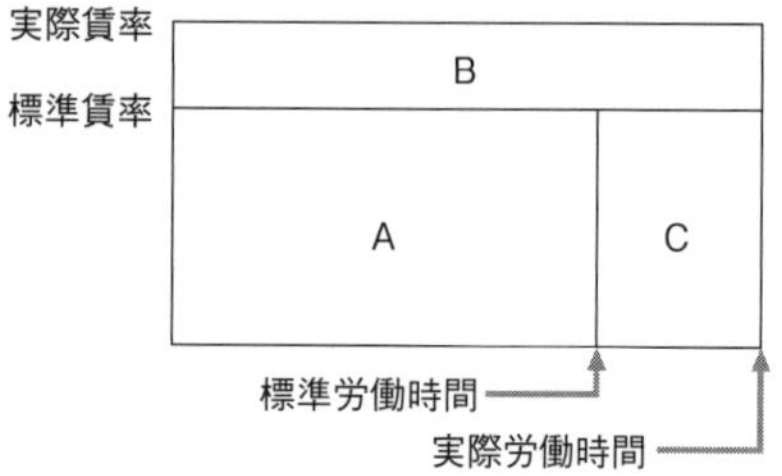

実際労務費＝A+B+C
標準労務費＝A
賃率差異＝B
時間差異＝C

（製造間接費差異）

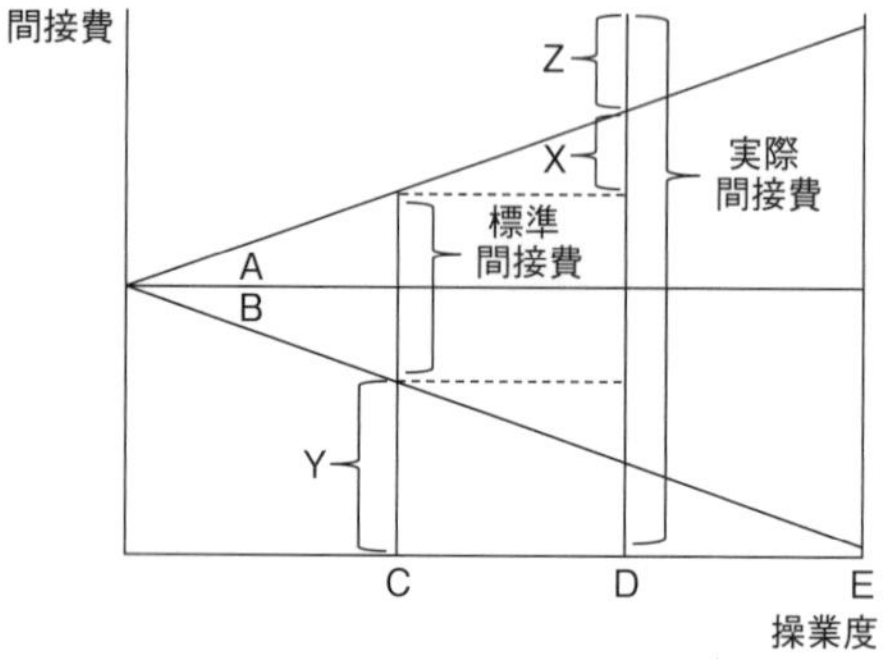

変動費率＝A
固定費率＝B
標準配賦率＝A＋B
標準操業度＝C
実際操業度＝D
基準操業度＝E

能率差異＝X
操業度差異＝Y
予算差異＝Z

ため、あくまでも全社の原価差額の発生原因の主要なものが分析できればよいと考えて、これらの分析資料も重要なものに限定して整備を行うことが重要である。したがって、この分析資料は、予定価格をどこまで適用するかによって範囲も異なってくることになる。

生産性に係る指標も、会社の生産性のネックになりやすい生産性の改善の必要度、緊急度の高いものに限定して整備すべきであり、公式③のような指標は、最低限製造部門別に整備すべきである。

5．振替価格を利用する

原価計算を導入する際、ぜひ取り入れてほしいのが、振替価格を利用

公式③　主要な原価計算指標

（労働生産性）

・直接時間比率＝$\dfrac{\text{直接作業時間合計}}{\text{総就業時間合計}}\times100$

・残業率＝$\dfrac{\text{残業時間}}{\text{所定就業時間}}\times100$

（設備生産性）

・設備生産性＝$\dfrac{\text{生産量}}{\text{設備実働時間}}$

・設備稼働率＝$\dfrac{\text{運転時間}}{\text{設備稼働可能時間}}\times100$

（品質）

・不良率＝$\dfrac{\text{不良数}}{\text{全加工数}}\times100$

（納期）

・計画達成率＝$\dfrac{\text{実績数}}{\text{生産計画数}}\times100$

・納期遅延率＝$\dfrac{\text{納期遅れ数量}}{\text{生産量}}\times100$

して、製造部の主要な工程ごとの利益を把握することである。いうまでもなく製造部門は、「コストセンター」であり、通常、自部門や工程の利益を意識することはないが、この意識を変えるのに役立つのが振替価格である。製造工程が長かったり、生産が長期に及ぶ場合は特に有用である。高収益をあげている会社の多くはこの振替価格を利用して、製造部門に販売部門と同じように利益意識をもたせる工夫をしている。

振替価格の導入方法を簡単に説明すると、製品の売価を総加工工数（作業時間、運転時間等）で割り、各工程の所要工数に応じて各工程へ配分し、各工程の売価を算出する。さらに、これに各工程の製品の製造実績を乗じて、各工程の総販売高を算出するのである。（もちろん売価から販売側の粗利益は差し引く必要がある。）

この方法は、原価計算制度が未整備でも、主要な工程の外注費、原材料費、直接労務費、製造経費がある程度わかれば概算でも工程ごとの利益が計算可能であるため、原価計算導入前でもチャレンジすることができる。

この方法で高収益体質を作り上げているのが京セラや村田製作所である。京セラは、この仕組みを「アメーバー経営」として導入し、競争原理の中で生きている企業において、製造現場に競争意識や利益意識を向上させる経営上の重要なコツとして紹介している。中堅・中小企業でも振替価格を利用して、製造現場にビジネスの競争原理の仕組みを導入していただきたい。

組織 周辺システムを整備し、原価検討会議を開催する

1．作業時間の集計を行う

原価計算を初めて導入する際に障害になりやすいのが、工程別や製品ロット別の作業時間の把握である。一般的には作業日報や作業報告書のフォーマットを修正し、工程別やロット別の作業時間を記録することによりこれらの時間を把握することになるが、これらの時間報告が習慣化されていない場合、報告事項のもれや時間集計の誤り、作業日報とタイムカードの食い違い等が多発するため、これらのルールを現場に定着化させるのに相当の時間がかかるのである。

作業時間の正しい把握と集計は、正確な原価計算の重要な決め手になるものであり、このプロセスを軽視して時間報告をおろそかにすると、工程別や製品ロット別の正確な賃金が算出できず、ひいては、コストのうち重要な部分を占める労務費の把握が不十分となり、結果として算定された工程別や製品ロット別の原価も不正確なものとなり、使えない製品原価になってしまうのである。また、労働集約型産業の場合、製造間接費の配賦基準として実際作業時間を用いることが多く、この点からも作業時間の集計は重要なのである。このことを現場によく理解させた上で、作業時間の報告システムを定着させる必要がある。

なお、中堅・中小企業の場合、作業時間の報告システムを維持管理するために生産管理の専任者を配置することは困難であると思われるが、今はパソコンの普及が進んでおり、エクセル等の

表計算ソフトを活用すれば、専任者がいなくても報告システムの導入と定着化を進めることは十分可能である。また、ICタイムレコーダー等の機器や勤怠管理ソフトを導入することにより、時間報告の手間や報告ミスを避けると同時に作業時間の自動集計が可能となり、労務の合理化のみならず、原価計算の合理化や正確化につながるため、状況に応じて導入を検討することが望ましい。

2. 数量把握を行う

原価計算を導入する際、会社の業務処理システムの中で重要なポイントとなるのは、「ヒト」と「モノ」の数量把握が日常の業務の中で十分に行われているかどうかである。

「ヒト」の数量把握とは、前節で述べたとおり製造に係る社員の作業時間の把握のことであり、「モノ」の数量把握とは、原材料や製品に係る在庫の受払台帳（継続記録）の整備による受払数量の把握のことである。これらが未整備な会社はモノの流れの把握ができていない証拠であり、原価計算の導入の前にまずモノの流れの把握、すなわち在庫の受払台帳の整備を優先して行うべきである。なぜなら、そもそも原価計算とは生産を行う際に使用するすべての手段（原材料、労働力、設備、工具等）の使用量と単価を算定し、これらを製品単位に集計するシステムであるため、このうち原材料の使用量の把握が不十分ではシステムの重要な部分が欠落してしまうからである。

たとえば、大部分の会社は期末に実地棚卸を行っているが、この際、帳簿在庫数量と実地棚卸数量との差異が大きく、その原因の多くが仕入数量の転記ミスや商品番号の記載ミス等日常の事務処理誤りである場合は、モノの把握が不十分な会社とみてよい。また、そもそも原材料や製品の受払台帳（継続記録）がなく、実地棚卸を行わなければ在庫数量が確定しない会社も、モノの把握が不十分な会社の一つである。

このような会社は、原価計算を導入する前にまず、在庫の種類ごとに受払台帳の有無、棚卸差異の状況等を調査し、必要なものについては受払台帳を整備するとともに、棚卸差異の大きいものについては原因を分析し、関連する業務処理プロセスを改善する必要がある。

3．原価差額の分析を十分に行う

実際に原価計算を導入している会社をみると、原価計算の結果判明した実際原価と予定原価（または標準原価）との差額、すなわち原価差額を十分に分析している会社は少ないようである。多くの会社は原価差額を製品別や製品群別でなく、合計額で把握し、期末にこれを売上原価と在庫に一括配賦しており、原価差額がなぜ発生したのか、その差額はどのような要因に分けられ、現場の責任となるのはどのような部分なのか、といった考え方で分析している会社は少数派なのである。

この原因は、分析には原価計算の会計的な知識が必要なこと、実務的に定着化している原価差額の分析手法がないこと、分析のために必要な詳細データがタイムリーに把握できないことなどが関係していると思われる。

自社にとって、経営上意味のある原価差額の分析手法は何かを十分に検討した上で、そのために必要なデータを過不足なく収集できる体制を整備し、合わせて分析のために必要な会計教育を行い、原価検討会議等により分析結果を報告、討議することにより、収益力アップやコストダウンに役立つ原価計算制度を構築する必要がある。

4．原価検討会議を行う

原価計算制度が整備され、製品別の原価が定期的にアウトプットされるようになったら、原価検討会議を開催する。この会議の目的は、①製品グループごとの粗利益の高低の原因分析と対策立案（収益性分析）、及び②原価差額などの原価に係る業績指標の分析と対策立案（生産性分析）の二点であり、これらのデータを共有化し、自社の強みや弱みを経営幹部や管理者が認識することにより、会社のベクトルを合わせ、収益性や生産性を向上させることができるのである。

【原価検討会議の進め方】

①当月の生産実績の報告（経理部門）
　生産量、生産高、付加価値額、原価差額などの主要原価ファクターの当月実績、目標値または過年度実績値との比較を行い報告する。
②当月の生産実績の分析と問題点の指摘（経理部門）

上記の主要項目の増減理由について、解決すべき短期と長期の問題点を洗い出し発表する。
③当月の生産実績の分析結果に対する追加指摘事項をコメント（社長、経営幹部）
②の指摘事項に対する改善指針などを説明する。
④業績変動要因と対策の説明（生産部門等）
生産部門等より生産増減に関する原因の説明、実施した対策、実施予定の対策をより詳しく具体的に説明する。
⑤上記の対策についての回答
会議出席者から原因や対策実施の不明点や疑問点を提起してもらい、生産上の問題点の理解や協力を深めてもらう。
⑥社長、経営幹部のコメントと指示
社長や経営幹部から生産性向上への取組み姿勢への説明や対策の不足点や補足点の指示を説明してもらう。
⑦翌月実施事項の確認
議長が翌月に実施すべき事項として会議で決定された事項を確認し、議事録に残す。

しかし、導入の当初は、原価計算により製品別原価が算出できたことだけで満足し、つい本来の目的を忘れがちになる。特に原価計算の導入や運営を経理部門に依存している会社ほどこの傾向が強く、計算結果の活用が進まないこともあるため注意が必要である。
また、導入の当初においては、原因分析や対策立案のノウハウや情報収集がどうしても不足しがちなため、経営幹部や管理者の多くが参加する原価検討会議により、これらを補完することが重要である。たとえば、最初のうちは、収益性の低い製品の発生原因として主にどのようなものが考えられるのか、まず参加者にあげてもらい、このうち原因として頻繁に会議のテーマにのぼっているものを集約し、それぞれの原因に対して過去に講じた対策も参考としながら、効果の高い対策を標準化していくことが重要である。もちろん、これらの原因や対策を討議しても、単なる指摘で終わってしまうこともあるため、経営者や経営幹部は必ず進捗状況をフォローすることを忘れてはならない。

あと、注意しておかなければならないのは、収益性低下の原因が特定の個人や組織にあり、それ以上の原因追究が困難になっているケースである。たとえば、収益性の低い原因が特定の個人による仕損じの多発によるものであることが判明したものの、それ以上の追究ができないような場合、単に「皆さん仕損じを減らしましょう」というような抽象論で終わらせるのではなく、その個人的責任や組織的な対策まで含めて討議し、具体的な改善方法や改善部署、改善期間、改善報告などを確認することが重要である。

このような原価検討会議を定期的に繰り返し行うと、しだいに原因や対策がパターン化され、改善施策がタイムリーにとられるようになり、原価削減や粗利益の改善が自然と行われるようになる。これは、製造現場側にコスト意識や生産性向上意識が強くなり、原価に係る改善活動が活発化してくるからである。

原価検討会議の基本的な進め方は、他の会議と同様であるため、各ステップの〔組織〕の項を参照していただきたい。

5．情報システムを的確に整備する

原価管理を導入する過程でぶつかるテーマに情報システムの整備がある。

業績管理を行うためには、情報システムの整備が不可欠であり、パソコンだけでなく、スマートフォンやタブレットなど個人用の情報機器が普及し、個人の持つ情報量が格段に増えており、情報の収集だけでなくその整理や選択が必要な昨今、特にこのテーマは重要性を増している。

情報システムを導入する際の留意点として、まず重要なのは、システムはその器（ハード）だけでは情報処理のスピードアップのツールにすぎないことをよく認識することである。もちろんスピードアップだけでも十分意味はあるが、情報システムを導入する最終目的は経営の合理化や業績の改善であり、これらを達成するにはシステム導入に合わせて経営幹部や管理者の業務改善能力や問題解決能力を向上させることが必要不可欠なのである。

システム開発会社がシステム導入の提案を行う際によく見られることであるが、そこでは十分な業務改善能力を持った社員が完璧に業務をこなしていることを前提にしたシステム導入後の状態を説明していることが多いため、会社側がこれを真に受け、情報システムを魔法の杖のように錯覚し、そこから出てくる種々多様のアウトプット情報の魅力にとりつかれてつい導入の決断をしてしまうことがある。しかし、アウトプットを使う側、利用する側の業務改善能力や問題解決能力がなければ、出てくる情報は、無用の長物になってしまう。

これを防ぐには、システム導入の意思決定をする前に「その新しい情報によって、新たな業務改善のアクションがとられ、それが経営の成果をどのように向上させるのか」と自問自答することである。そのアクションと期待成果が具体的に読め、その実現可能性が社員の能力や会社の風土、体質も含めて高いと判断されれば費用対効果を勘案の上、導入を実施すべきだが、そうでない限り導入の決断は慎重にすべきである。

上記以外にも、情報システム導入時にありがちな問題を「シ・ス・テ・ム」のキーワードで整理したのが図表Ⅰ・8である。これらの点も注意して導入や改訂の整備を進めてもらいたい。

教育　収益改善手法の教育を行う

1．ポートフォリオ分析を教える

原価計算の導入により、製品や顧客に関する収益性（利益）に関する情報が整備された段階で、初めて収益性や成長性などの問題点を具体的に検討し、収益改善のための方針を操るプロセスを導入することになる。これにより、ようやく原価管理が導入されたと言えるのである。

収益改善の分析を行うためには、通常これらの問題を一覧しやすいポートフォリオ図による分析を行うと効果的である。この分析により、どの製品やどの顧客に会社の利益が依存しているか、どれが収益性の低下をおこしているか、どれが製品の成長性のライフサイクルからみて売上の衰

図表Ⅰ・8◉情報システム導入時の問題点

シ	**質** ▶情報の質の改善までは、コンピューターではできない。業務の質の改善まで読んで導入すべし。
ス	**スピードアップ** ▶業務処理、データ処理、スピードアップが情報システムの命である。タイムリー性のある情報が提供できるかがポイント。
テ	**適時、適切** ▶適時、適切な意思決定が行えるかがポイント。情報は問題解決や意思決定に役立つためにあり、それがどのように向上するかも考えて導入する。 ▶適切な情報処理コストか。適切な導入価格か。導入はメーカー側の提案書をうのみにすると過大、過剰なシステムとなり、情報処理がコスト高になりやすい。 ▶適切なアドバイザーをつけて、その価格の妥当性をチェックする。情報処理のコストが会社の業務処理のコストのネックにならないようにする。
ム	**無関心** ▶無関心な層がシステム導入に関与すると、それがシステム情報の普及や機能向上の利用のネックになる。

退期にあるかなど、製品や顧客に対して選別、集中化する戦略を立てる上での有力な情報をえることができる。

通常、この分析を行うには、顧客や製品別の売上高規模、収益性及び成長性の情報を収集し、これらの三次元情報を一つに表せるポートフォリオ表（図表Ⅰ・9）を作成し、この表により顧客や製品に関する収益構造を鳥かんするのである。

図表Ⅰ・9をみてわかるように、顧客は売上の収益性（粗利益率）、成長性（売上成長率）により四つの区分に分けることができ、この表に顧客の売上依存度比率や規模を円の大きさにより記入すれば、会社の顧客の安全性（売上依存度）、収益性、成長性といった原価に係る構造上の問題が容易に発見

図表Ⅰ・9◉ポートフォリオ分析による戦略的な商品グループ分け

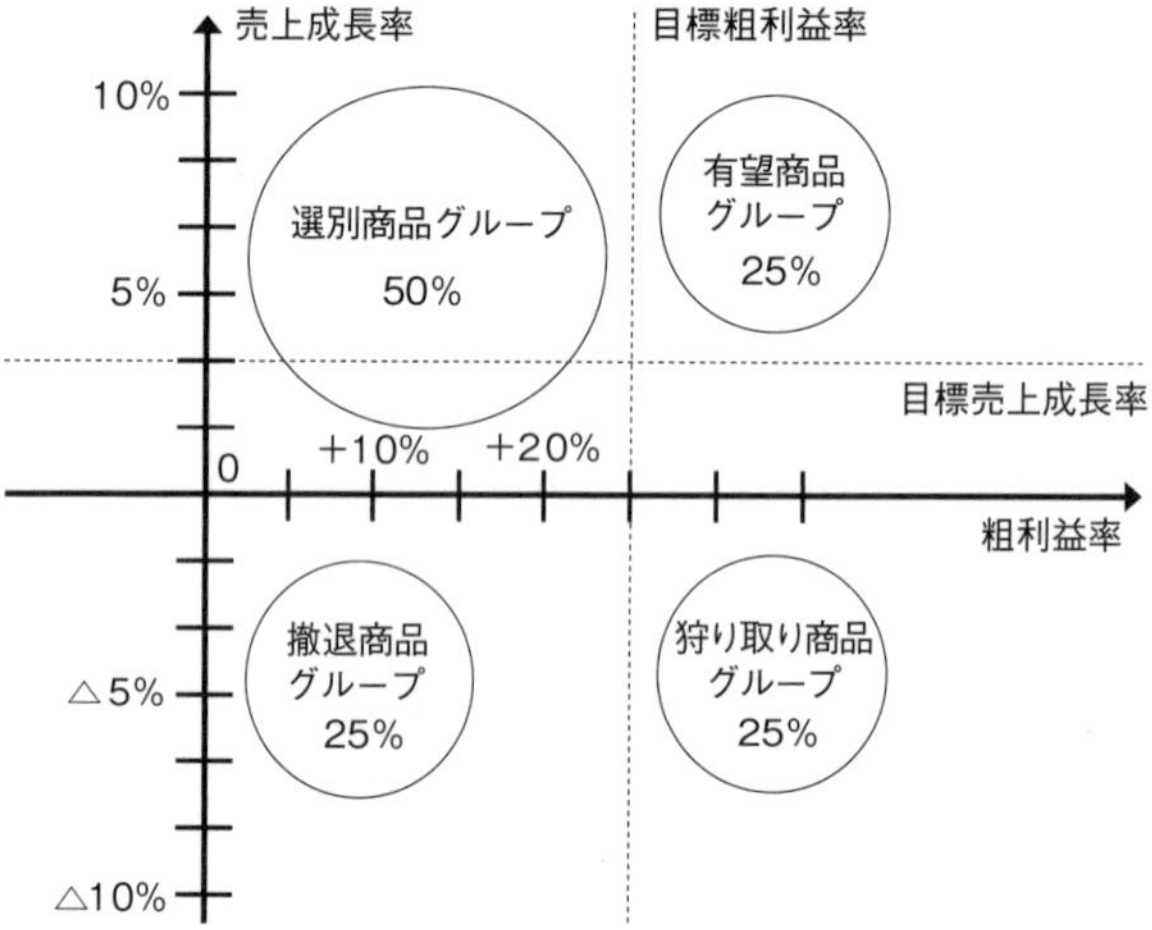

注）顧客グループについても同じ分担基準で戦略的なグループ分けで行い、重点顧客を明確化できる。
円の大きさは当該グループ売上規模を表し、円内の比率は売上依存度を表す。

できることになる。

このような問題分析用の表を明らかにすることで、顧客や製品について改善すべき課題が管理者と共通化でき、これらの課題解決の緊急性や方向性が管理者に認識されることになる。また、このツールはステップⅠ－3の部門別の業績検討において、部門ごとにこの表を作成し、事業強化方針を顧客や製品に対して具体的に落とし込む際に有効なツールとなりえるのである。

このポートフォリオ表上の検討ポイントの一般的な例をあげると以下のとおりである。

【ポートフォリオ分析のチェックポイント】

▼収益性が高く、成長性も高い有望製品グループ、顧客グループの売上全体に占める割合が小さくなっていないか？（競争が激しい業界では、限られた比率になっていることが多いのが実情である。）

▼収益性や成長性のどちらかに問題を抱えた選別すべき製品グループや顧客グループの売上比率に占める割合が、多くの売上比率を占めていないか？（この区分の顧客や製品は、収益性改善の検討の対象の中心の課題となる。また、これらの製品や顧客から選択して、製品改良や顧客への拡販方針を検討する必要がある。）

▼収益性が低く、成長性も低い撤退顧客グループや製品グループの売上比率に占める割合が高くないか？（これらの製品や顧客は、基本的に撤退が望ましい製品グループや顧客グループとなる。）

このようにポートフォリオ表で収益改善方針を検討する際、特に注目するのが、収益性や成長性の高い製品グループや顧客グループである。これらはいわばツキのある製品や顧客であり、これらツキのあるものをさらに伸ばすにはどうしたらよいかを検討課題の中心とすることが重要である。なぜなら、人間と同じように、会社も短所を修正するよりも長所を伸ばした方がその魅力を発揮しやすく、長所の持つ収益性改善の潜在力や実現可能性が高い収益改善方針を作れるからである。

最後に、ポートフォリオ表の作成上のポイントを示すと次のようになる。

【ポートフォリオ図作成のポイント】

▼収益性、成長性の指標は会社の好不況の一時的要因を排除するため、できれば三年間位の平均比率を用いて表を作ること。

▼四象元を分ける区分の基準として、会社全体の収益性、成長性の平均値や目標値を使うことで問題がとらえられやすくなる。たとえば、会社全体の売上高の成長率が過去三年間の平均で数%であれば、それを利用して区分することが必要である。

▼収益性、成長性が大きく変動していたり、低水準やマイナスであった場合、同業他社や業界平均値を用いてこれらの比率を修正し、問題商品や顧客を顕在化する表を意図的に作り、収益性、成長性の改善に向けての危機意識や問題意識を高める工夫をすること。

2. 商品力分析スキルを教える

ポートフォリオ分析により自社の強い商品、弱い商品が明確になると、次に問題となるのはそれぞれの商品力をどう強化し、改善していくかという点である。このため、商品力の分析手法も教育の重要なテーマの一つである。

たとえば、「うちの商品はこれこれの問題があるから売れない」「ライバル会社と比較してここを改善しなければ売上はアップしない」といった商品力に関する問題点の指摘が会議ではしばしば行われるが、これらの問題点を明確にし、対策を立案していくアプローチを明確化しておかないと、同じ指摘が繰り返し提起され問題点に対する詳細な取組み不足が続き、業績検討が表面的なものに終わってしまうのである。このため、よく指摘される問題点については、実態の分析と対策を立案するためのアプローチ方法を明確にする必要がある。

① 購買決定要因の明確化

商品力の分析は、まずその商品のターゲットとする顧客のニーズ、すなわち購買決定要因を明確にすることから始まる。顧客のニーズ＝需要動機が不明確だと、単なる担当者の思い込みや他社のモノマネによる商品の改善に取り組むリスクがあるからである。

購買決定要因の討議を行うと、種々のニーズが抽出され定義が細かすぎて絞り込みができないことや、逆に定義が大づかみで具体的でないこともあるため、ニーズを分類する基準をあらかじめ決めておく必要がある。通常は、商品の機能、品質、外観、形状、価格、構造、色表などにより分類基準を定め、ニーズの収集と集約を行うとよい。この収集と集約により、何が具体的な購買決定要因なのか、優先順位が高いのは何か、ニーズはどう変化しているか、を明らかにするのである。

② ライバル会社の商品評価

購買決定要因が明らかになれば、次はライバル会社の商品評価に入る。

ライバル会社の商品の情報収集が十分でないとその評価があいまいになるため、ホームページやパンフレット、顧客の評価等十分な情報をまず収集し、具体的な購買理由を明確化した上で評価することがポイントとなる。

図表Ⅰ・10で示した商品評価表は、ノートパソコンをイメージして、これを評価した例である。評価グレードは、五段階評価であるが、複雑な機能をもっているのであれば、十段階評価でもよい。

評価表では、購買決定要因の優先順位も示しており、これを使ってライバル会社の商品評価を行うと、どのようなニーズの顧客層をターゲットとして、主に製品を取り扱っているか、その製品戦略やターゲットとする顧客層の幅（全体客や部分客）を検討することにつながる。さらに自社のターゲット顧客をどこにするかの再検討するにも役立つことになる。

この評価はさらに、ライバル会社との価格対性能比較すなわち製品機能の重要要素と販売価格がどのように影響しているかが推測でき、自社と他社との価格差が顧客ニーズをふまえて合理性

図表Ⅰ・10◉商品評価表（××製品）

評価 重要な購買決定要因	優先順位	当社	A社 (シェア：〇〇%)	B社 (シェア：〇〇%)	C社 (シェア：〇〇%)
製品価格の安価性	1	△	○	○	△
納期対応と付帯サービスの良さ	2	○	○	△	△
修理や問い合わせ対応の良さ	3	○	○	△	△
製品の外観の良さ	4	△	○	△	×
製品の形状（使いやすさ）（コンパクト性）	5	△	○	△	×
××製品における他社の製品優位性の評価と当社製品のシェアーアップの改善余地の検討のコメント					

のあるものかを検討するにも役立つことになる。

③　自社の商品評価

次の段階は、自社の商品評価である。

この場合、どうしても自社の評価にあまい楽観的な評価になりやすいため、具体的な根拠を明らかにして厳しい見方で評価を行うよう指導する必要がある。

④　分析結果の総括

上記の分析プロセスを通して自社商品の強味と弱味が明らかになり、改善すべき対象と改善ポイントの候補先が見えてくることになる。

改善すべき対象と改善ポイントの候補が判明したが具体的にどこをどう改善していくかはさらなる分析が必要であり、これらの候補の実現可能性、コスト予測と効果予測を行い、商品の改善案が決定されることになる。ここからは商品開発や商品改良の範ちゅうであり、各社が独自の方法で自社の商品力の向上に努めていただきたい。

なお、中堅・中小企業の場合、これまで述べたような商品力を分析するツールが標準化、プロセス化されておらず、短絡的評価や主観的評価に陥ることが多いため、自社の商品力改善のためのプロセスを標準化、ルール化することが特に重要であることを申し添えておく。

3．問題解決技法を教える

業績検討会議や原価検討会議を行っているとよく遭遇する問題として、管理者が問題解決の基本技法を知らないことがあげられる。このため、会議を進めていくと、次のような問題が発生する。

【会議で見られる問題点】

- ▼指摘された問題点が抽象的で、議論が進めにくい。
- ▼情報が不足していて、指摘された問題点の信憑性が疑わしい。
- ▼問題解決の流れを知らないため、問題点の指摘のみで終わってしまう。
- ▼短絡的な解決策しか出てこないため、問題解決が進まない。
- ▼問題の構造的把握ができず、表面的な事象のみを指摘している。
- ▼問題点の整理方法がわからないため、同じような問題点が羅列されてしまう。
- ▼問題解決に消極的で、問題に積極的に取り組む姿勢がなく、その自信もない。

これらの問題はすべて、問題解決に取り組む基本的な考え方を知らないことにより生ずるものであり、せっかく分析力が向上し、問題点が把握できたとしても、肝心の問題解決が進まず、課題が未解決のまま放置されることが多くなってしまうのである。

そこで導入したいのが、基本的な問題解決技法とその実践行動の教育である。問題とは「状況とあるべき姿のギャップ」というように定義されるが、問題が分かるということは「分」という漢字の示すとおり、いかに問題を分けて考え、とらえるかが重要なのである。

問題解決技法の標準的な手順は次ページ（図表Ⅰ・11）のようなものであり、最初はこれを教育する必要があるが、実際の問題に対処する場合、問題の性質によってさまざまパターンを適宜選択していくことが望ましい。

問題解決技法の流れにおいて、問題に関する多様な原因や対策案を討議する際、アイデアの収集と整理、体系化に役立つのがブレーンストーミングとＫＪ法である。これらの手法はよく知られたものであるが、中堅・中小企業では利用されていることが少なく、このような手法の導入部としてはよい手法である。このブレーンストーミングとＫＪ法の主なポイントは、図表Ⅰ・12、Ⅰ・13のようなものであり、問題の分析に役立つ基本的手法といえる。

この手法をさらに進めた方法として連関図（図表Ⅰ・14）と系統図（図表Ⅰ・15）がある。連関図は、原因の追究を詳細に進め、原因のつながりや構造把握に役立ち、系統図は、方針の細分化など方針と施策を系統立って立案していく上で役立つ。

これらは主に定性的問題の検討に役立つが、定量的な問題把握と重要ポイントの把握には、ＡＢＣ分析（図表Ⅰ・16）が役立つ。

これらの手法は、いずれも問題や対策を「分」けて考える上で欠かせない基本的手法と言え、会議で出てくる問題の討議や対策の立案に役立つ手法である。ただし、これらの手法は対策立案に時間がかかるため、問題から即対策を考えたがる短絡的解決法に慣れた管理者には不便と感じ

図表Ⅰ・11◉問題解決技法の流れ

1. 問題の指摘	その問題は調査と対策立案にふさわしい問題か？
2. 問題の事実の把握	その問題はどこで、どの位発生し、機会損失はどれだけあるか？ それを解消した場合の効果の予測（期待値）はどのくらいか？ （事実を5W1Hで把握）
3. 問題の解決策の検討	その問題をどのように解決するか？ 対策として考えられるのはどのようなものか？ また、対策の効果の予測は？
4. 対策案と絞り込み	各種対策（候補案）についての効果と実行テストと実現可能性、実施期間から対策案を絞り込む。
5. 対策のスケジュール化 実行の組織づくり	対策の具体的手順化とスケジュール、実行のための組織づくりの立案。
実行へ	
6. 実施後のフォローと報告	実施後の効果の監視と実施方法の改善、改良による効果の引上げ。

るが、問題の構造が複雑で対策が明らかでない、あるいは対策がなかなかとれていない重要な問題に使うことに限定すれば、その効果が現れやすい手法である。

一例をあげると、営業力の弱い原因や不良品が発生する原因、製品の採算性の改善の対策などの重要な問題の解決にこれらの手法を利用することにより、その効果が現れることが多いため、最初はこういった問題をケーススタディとし、これらの手法を用いることにより、その効果がわかりやすく、会社全体に問題解決技法導入の機運が生まれやすくなるのである。

図表Ⅰ・12◉ブレーンストーミング（例）

テーマ	×××商品の粗利益率が悪い

①セールスマンの販売方法、価格がまちまちである。
②製造コストが他社に比べて高い。
③特別仕様で、××工程の生産性が悪い。
④セールスマンの商品知識が不足している。
⑤原材料の仕入れコストが高い。
⑥セールスマンの意識モラールが低い。
⑦上司からのセールスマンの指導が不足している。
⑧販売先を選んでいない。
⑨競合会社の売価情報がない。
⑩販売と製造との情報交換がなく、コストを知らない。
⑪社内のコミュニケーションが悪い。
：

（ブレーンストーミングの進め方）
▶原因と思われる要因をブレーンストーミングのルールで自由に出し合い、リストアップする（カード化して整理すると便利）。
▶問題（原因）のとらえ方のレベルが異なると分類、整理しにくいため、レベルはできるだけ統一する（⑪が異なる例）。

（ブレーンストーミングの４原則）
▶批判厳禁（他人の出したアイデアを途中でむやみに批判しない）。
▶自由奔放（参加者が自由な雰囲気の中で、職位に関係なくアイデアを出す）。
▶質より量（質を気にせずアイデアを多く出してもらい、斬新なものが出るようにする）。
▶結合改善（他人のアイデアに便乗して、自分の発想力を高め、さらに良いアイデアを出してもらう）。

図表Ⅰ・13◉ＫＪ法（例）

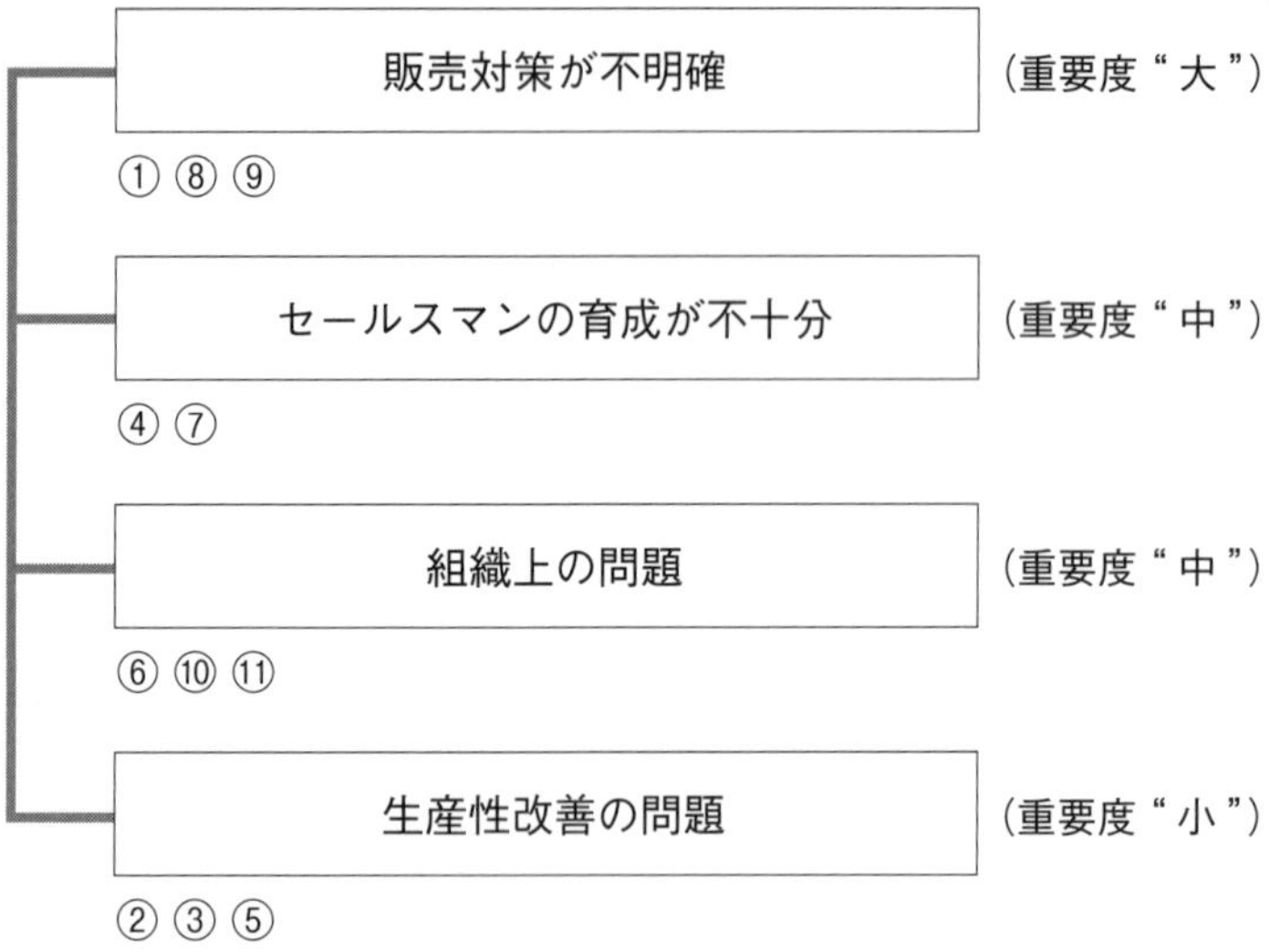

（ＫＪ法の進め方）

▶原因と思われるもので、意味するものが同じもの同士を集約し、一言でその意味を表現する。

▶原因の重要度に応じて、重要度の大小を評価する。

▶問題が複雑な場合、分類、整理、集約を何度も繰り返して行う。

（ＫＪ法のポイント）

▶ＫＪ法を行う前に、ブレーンストーミングなどで多くのアイデアを出しておく（①〜⑪はブレーンストーミングの番号）。

▶分類の方法としては、対策面で類似するものを集め、集約していくのがよい。

▶複雑な原因については、他の方法（特性要因図など）で整理する。

図表Ⅰ・14◉連関図（例）

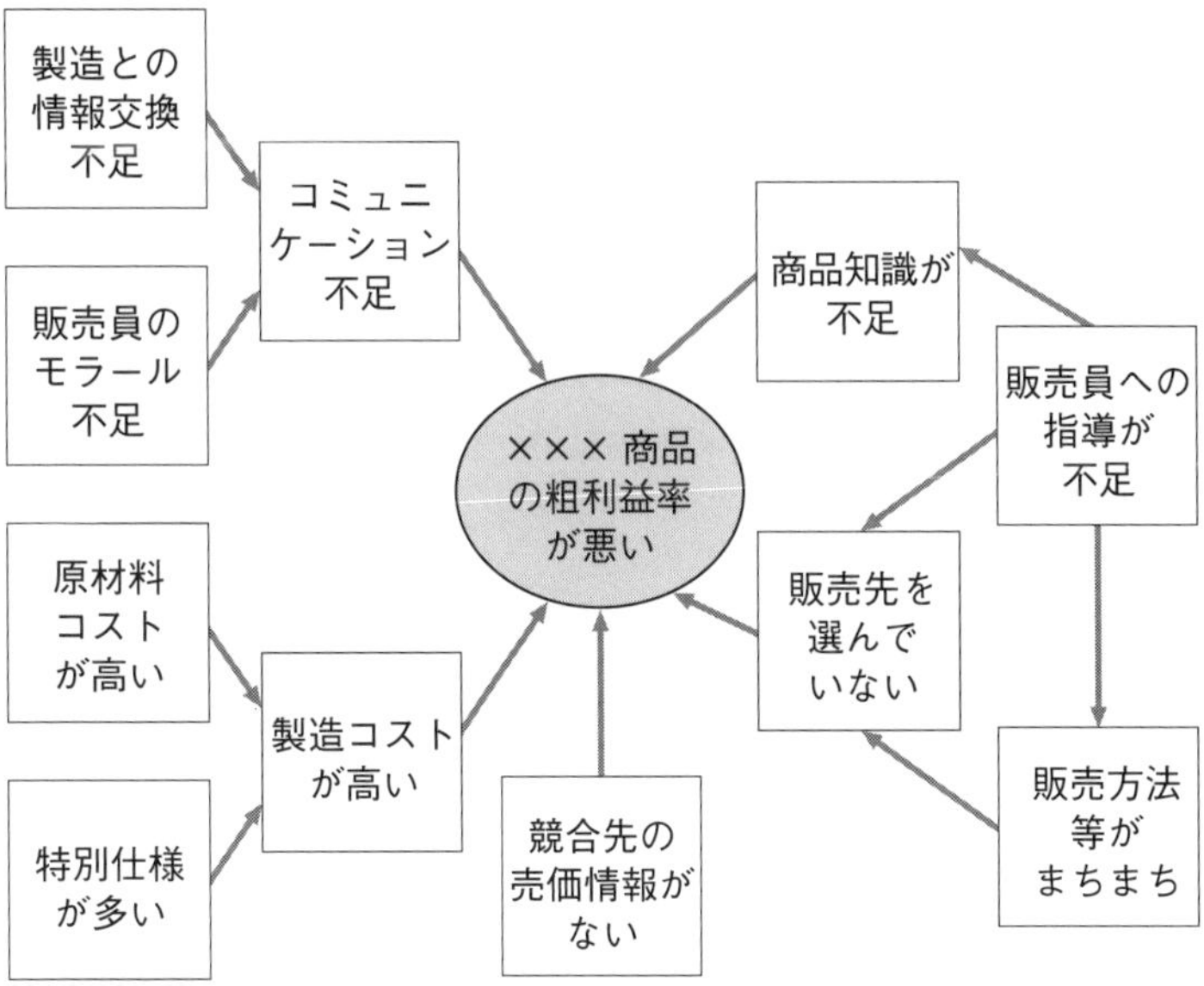

（連関図の作成手順）
▶テーマを中央に記載する。
▶一次的な原因をテーマの周囲に記載する。
▶二次的、三次的な原因を記載し、関係線を引いていく。
▶主要な原因を特定し、アクションを決定する。

（連関図のポイント）
▶ブレーンストーミングやKJ法により、多くの要因を出しておくことにより、連関図がスムーズに作成できる。
▶末端に記載された要因や関係線の多い要因が重要である可能性が高い。

図表Ⅰ・15◉系統図（例）

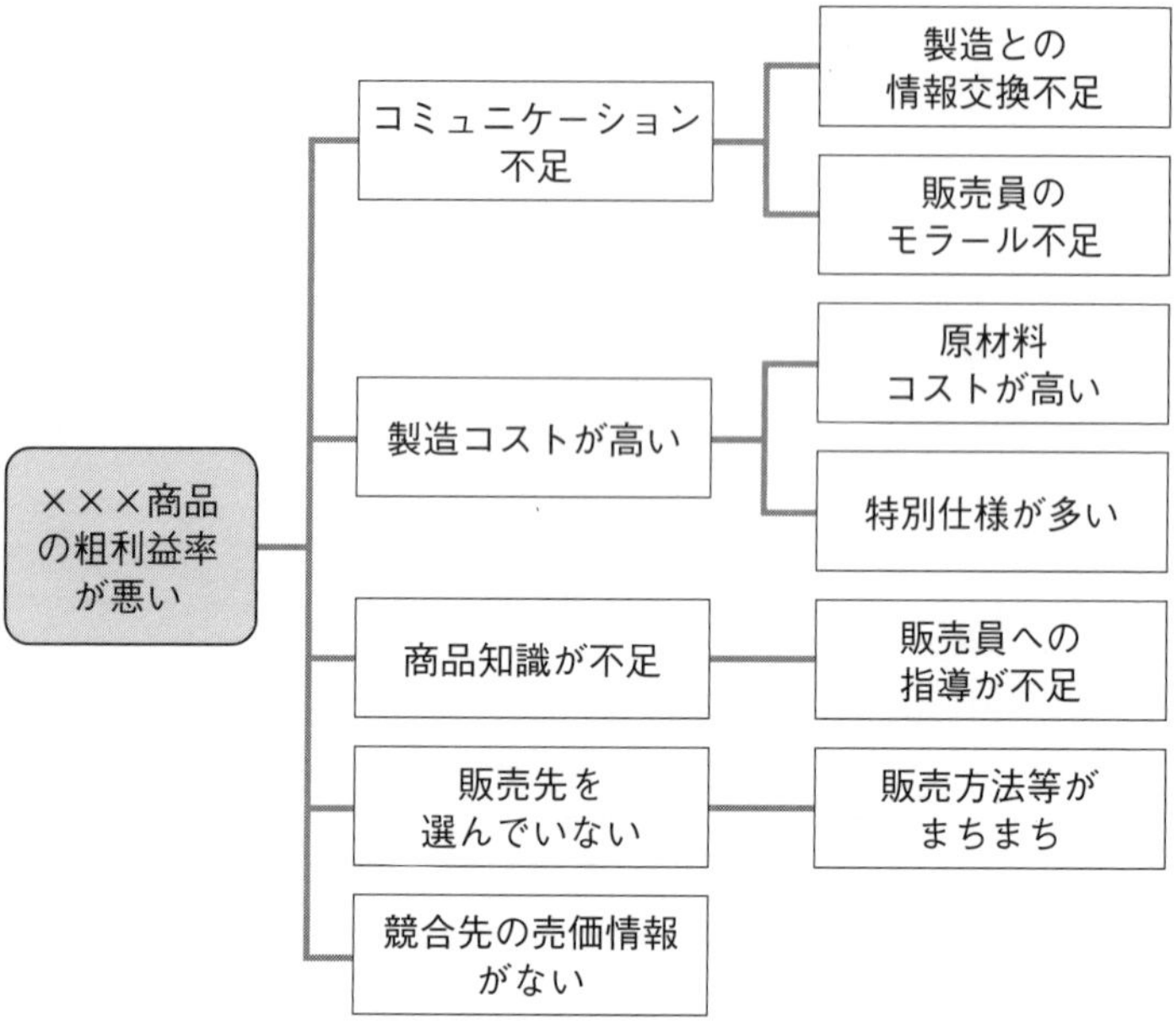

（系統図の作成手順）

▶テーマを左側に記載する。

▶一次的な原因をテーマの右に記載する。

▶二次的、三次的な原因を右に展開し、関係線を引く。

▶主要な原因を特定し、アクションを決定する。

（系統図のポイント）

▶ブレーンストーミングやKJ法により、多くの要因を出しておくことにより、連関図がスムーズに作成できる。

▶作成後、全体を見渡し、展開が足りない部分があれば、展開を続ける。

図表Ⅰ・16◉ABC分析（例）

順位	取引先名	売上高	売上累計	構成比
1	A 社	9,000	9,000	35%
2	B 社	6,300	15,300	59%
3	C 社	4,200	19,500	76%
4	D 社	2,100	21,600	84%
5	E 社	1,200	22,800	89%
6	F 社	950	23,750	92%
7	G 社	780	24,530	95%
8	H 社	630	25,160	98%
9	I 社	420	25,580	99%
10	J 社	140	25,720	100%
合　計		25,720		

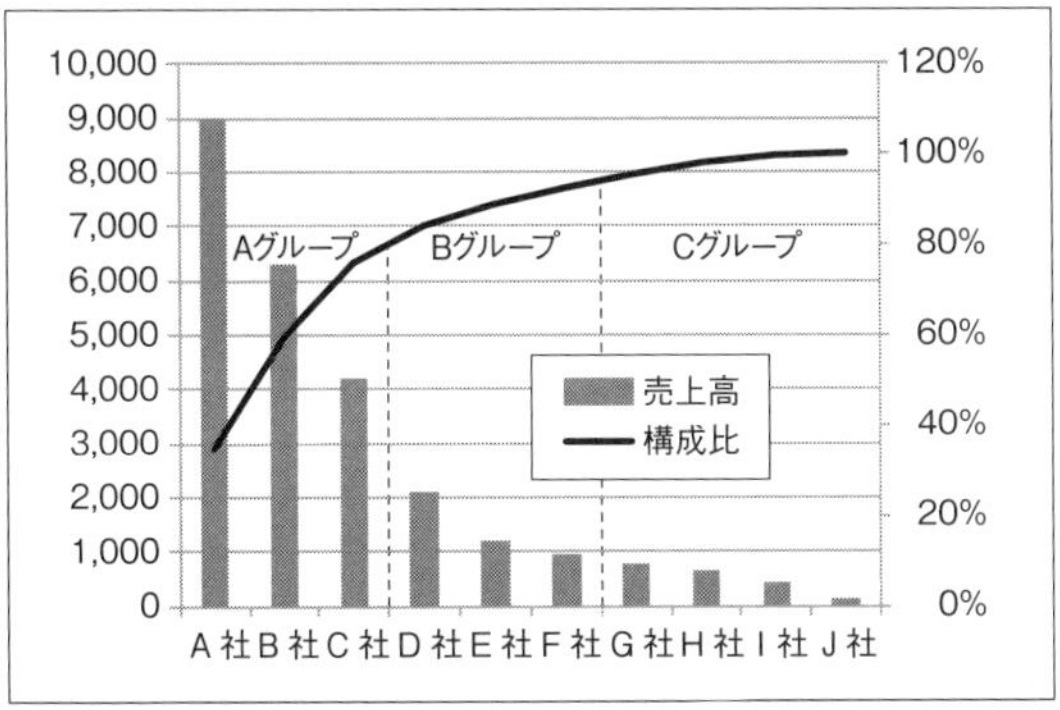

（ABC分析の作成手順）

▶取引先や商品別の売上高を上位から順に並べる。

▶累計構成比が70～80%をAグループ、80～90%をBグループ、90～100%をCグループとする。

▶Aグループを最重要項目、Bグループを重要項目、Cグループを一般項目とし、それぞれの管理方法を検討する。

▶最重要項目については厳密な管理を行い、一般項目については効率的な管理を行う。

（ABC分析のポイント）

▶売上高だけでなく、売上総利益の構成比も考慮し、グループ分けを行う。

▶取引先や商品の数や金額の状況により、グループ分けの構成比の境界点を適宜設定する。

ステップ

Ⅰ-3

部門別損益管理制度の整備

3S	ステップⅠ-3：部門別損益管理制度の整備ポイント	
仕組み	❶	部門別損益計算のルールを作る
	❷	マネジメントレポートのフォームを作る
	❸	部門別の業績責任指標を導入する
組織	❶	部門長の責任と権限を明らかにする
	❷	部門別業績検討会議を行う
	❸	組織をスリム化し、戦力化する
	❹	管理コストの適正水準を検証する
教育	❶	業務改善方法を教える
	❷	内部統制の整備方法を教える
	❸	営業活動分析を教える
	❹	営業スキルを教える

月次実績管理体制の整備のための最終ステップは、部門別損益管理の導入である。部門とは、会社によってさまざまであるが、ここでは営業部、製造部、総務部といった職能別組織や半導体事業部、家電事業部といった事業別組織、さらにはA店舗、B店舗といった店舗別の組織を含む広い概念とする。

これまでのステップを部門別の各管理者の視点から振り返ると、ステップI－1では各管理者に会社全体の決算書の内容や月次業績の問題点が理解されるようになり、業績向上意識が育ってきており、ステップI－2では会社の販売する各製品の原価や粗利益が把握され、商品のポートフォリオや商品力の問題点が理解され、赤字商品（製品）に対する原因と対策が立案され、それに伴う収益改善活動が活発化してきているはずである。このステップは、これまでに導入された月次の実績管理体制を部門別に展開し、部門長が業績に対する意識を高め、現場の視点からさらに詳しい問題点の掘り下げや対策の立案及び実行を積極的に行い、収益改善をさらに進めるために導入するものである。

とはいえ、本書の読者が所属される会社のほとんどは部門別の損益は毎月出されており、部門別の損益は把握しているよ、と言われるであろう。しかし、以下のような経験はないだろうか。

【部門別損益管理で実務上よく見られる問題点】

▼部門別損益の計算ルールが確立されていない。

▼部門別損益が計算されていてもオープン化、共有化されていない。
▼部門に係る直接費用のみを配分し、間接費用や本社管理費用などの共通費用を配分していないためトータルの部門採算がわからない。
▼共通費用は各部門に配分しているものの、赤字部門に配賦しない等、特定部門に有利になっている。
▼各部門に帰属する設備や運転資金の多寡が部門別損益に考慮されておらず、使用資本に対する効率性や収益性が検討されていない。
▼部門別損益の赤字部門が放置されており、抜本的解決策が検討されていない。
▼部門別損益に対する認識が低く、職場の一般社員の採算意識の向上にまで役立っていない。
▼部門別損益の公表が遅く、タイムリーでないため部門長の利益改善意識が弱い。
▼部門別損益は公表されているが、業績検討会議のテーマとなっていないため、改善策が実施されていない。

これらに思い当たる方はぜひこの章を読んでいただきたい。この章では、部門長に自分の担当する部門の業績を知らせ、その問題点を認識させ、改善意欲を高めるとともに改善のアクションをとらせるための方法を説明する。

部門別損益管理制度整備のポイントは、意外に思われるかもしれないが、計算ルールである。収益の帰属部門や部門共通費の配分といった計算ルールには一〇〇%の正解がなく、どうしても主観的な部分が残るため、計算ルールの公平性、客観性、納得性などに対する部門長の共感に時間がかかり、定着化にも時間を要することが多い。しかし、部門別損益とは各職場の成績表であり、これをオープンにすることは、部門長のみならず一般社員やパートにまで自分達の職場の成績を知らせることであるため、ここは相当の時間を要しても、計算ルールについてはすべての部門長の納得を得た上で実施する必要がある。不公平感のある成績表を渡されても、職場の採算意識は向上するはずがないのである。

納得した成績表が発表されることにより、職場に採算意識が根付き、初めて部門損益改善の具体的な提案や改善案が出されるようになり、各種の改善活動が実施されるようになるのである。

部門別損益管理制度整備のポイントは一〇六ページのとおりであり、次節からそれぞれを説明する。

本論に入る前に、日本の中堅・中小企業の組織の特徴について触れることにする。

日本の中堅・中小企業の多くは、営業、生産、購買、管理など職能別に部課編成を行う職能別組織をベースに会社の組織編成を行っている。この組織形態は職能別の専門家の育成には適しているが、経営者育成や全社的な見方、考え方ができる管理者を育成するには適していない組織機構であると言われている。なぜなら、この組織形態では営業職の管理者は、営業成績を上げるため営業テクニックの向上にばかり目が行ってしまい、経営者のような全社的なものの見方、考え方ができにくいからである。このため、中堅・中小企業の営業職の管理者は売上高を増加させるための施策には強いが、事業全体で利益をあげる発想には弱みをもつ人が多いのである。

部門別損益管理の主要な目的の一つは、経営者的発想のできる部門長を育成することであり、各部門長は「自分は部門の『経営者』である」という責任感と意識を持って、各部門の経営上の問題に積極的に取り組んでいただきたい。

仕組み　部門別損益計算の仕組みを作る

1．部門別損益計算のルールを作る

前章までに月次決算ルール及び原価計算ルールを作成したが、部門別の損益計算書及び貸借対照表を作成するためにはまず、部門別損益のルールを作らなければならない。

【部門別損益計算ルールの決定項目】

1．部門損益単位の決定
（どの部課を業績把握の単位とするか）

2．部門別損益計算方法の明確化
①部門別売上（収益）計上手続
（売上をどのように部課別に把握し、集計するか）
②部門別費用集計手続
▼部門個別費の範囲と集計手続

(どの科目を部課別の直接費とし、どのように集計するか)

▼部門共通費の範囲と配分手続

(どの科目を部課別の共通費とし、どのように配分するか)

▼本社費の範囲と配分手続

(管理部門費などの全体費用をどう配分するか)

③部門別利益と業績責任との関連性

(部課長に責任を課す利益をどこまでとするか)

④責任利益の区分と責任者の明確化

(業績責任を課す職位をどこまでとするか)

3. 部門別使用資本(運転資金)の明確化

▼売上債権、在庫、仕入債務の細分化ルールと計上手続

(運転資金の各科目をどのように部課別に配分するか、その集計、細分化をどのような手順でやるか)

4. 部門別業績指標の見方、考え方

(収益性、効率性の指標の算出方法とその業績責任との関連性の説明)

部門別損益計算で最初に行うことは、営業部課別や店舗別、すなわち部門別に売上高を測定することである。すでに自社の販売管理システムなどにより部門別の売上高が毎月把握されていれば、この測定は容易であるが、システムが未整備だったり、売上区分が商品別のみで部門別にな

っていない場合は測定が困難である。この場合、システムを整備することが必要であるが、当面は手集計での概算把握でも問題はない。手集計が必要な会社は自部門の売上高を意識していないのであるから、まず意識付けのためにも部門別売上高の概算把握を早急に行い、システムの整備はその後に行えばよい。

むしろ、部門別計算ルールで最大の問題はコスト面、すなわち部門別売上原価の把握である。前章で商品別原価が把握できるようになっているため、商品別の売上高や売上原価は算定できるはずである。しかし、だからといって部門別売上原価が把握できるわけではない。部門別売上原価の算定は、商品の在庫管理が適切に行われ、顧客別、部課別の入出庫高、在庫高の把握が、月次ベースで可能でないと難しい面がある。

公式④のように全社と部門別の売上原価の算定式は一見同じであるが、現実に算定する場合、大きな違いがある。全社売上原価の各算定項目は通常、経理部門の会計帳簿で把握できており、売上原価も容易に算定できるのに対して、部門別売上原価は、受入高（仕入高）、出庫高、返品、倉庫間移動、部門間移動や在庫状況などのデータを商品別や部門別に月次ベースで把握しなければならず、これが可能な販売管理・在庫管理システムが整備されていない場合、業績分析に耐えうるレベルの部門別売上原価を算

公式④　商品売上原価の算定

・全社売上原価＝全社月初在庫高＋全社仕入高（製品製造原価）±全社月中増減（返品等）－全社月末在庫高

・部門別売上原価＝部門別月初在庫高＋部門別仕入高（製品製造原価）±部門別月中増減（返品等）－部門別月末在庫高

定することはできないのである。部門別売上原価が算定できないということは、部門別粗利益や部門別営業利益が算定できないということであり、業績管理のレベルをこのステップにまで向上させるには、システム改善プロジェクトを全社的に立ち上げ、これらを早急に改善する必要がある。このような手間を省くため、ステップI－2原価管理制度の整備において、部門別の数量把握や作業時間の集計が可能となるような周辺システムの整備をあらかじめ実施しておくことが望ましい。

なお、部門別の在庫金額を把握する際、会社によっては在庫を部課別に区分せず、営業部門トータルで把握する場合もあるため、このようなケースでは部課ごとの売上比率で在庫金額を配分するなど便宜的な算定ルールも合わせて構築しておく必要がある。

販売費及び一般管理費における部門共通費の配分については、最近は汎用の会計システムはもちろん、パソコンの会計ソフトでも部門別の人員数や面積を事前に設定すれば毎月人件費や経費を自動的に配分計算する機能が付加されていることが多く、これを使えば容易に部門別の人件費や経費が把握できる。したがって、ここで重要なのは事前に設定する人員数や面積比といった部門別共通費の配分基準の決定方法であり、この章の冒頭に書いたように各部門長の共感を得るような配分基準を納得のいくまで話し合い、部門間の合意を作り上げることが必要なのである。

最後に、明確にルールを定めておくべきことは部門個別費及び部門共通費以外の本社管理部門や開発部門などの費用、いわゆる本社費の配分である。これら本社費を各部門の業績指標である売上高、粗利益、貢献利益、営業利益のどの尺度で配分するのか、年間一律にするのか、月次べースで変動させるのかはよく議論になるテーマである。この問題を討議すると、各部門長による議論が沸騰して結論をなかなか出せないこともある。

この問題の絶対的な正解はないが、あえて言えば前年度の部門別の人件費実績に基づき、年間一律で共通費を配分することが実務上は最も適切であると思われる。会計理論的には、人員数や取引件数、粗利益等さまざまな尺度を用いてウェイト付けを行い、最適な配分比率を決めることが推奨されていることが多く、事務負担能力を加味しながらこのような比率を用いている会社もあるが、中堅・中小企業の場合、本社管理部門費等の実際の発生原因が何であるかを見極めることは作業上不可能に近く、それを追求するよりも最大のコストである人件費に着目し、「人を増やせば経費も増える」との一般的な原則により、人件費一本で配分することが実務上は適切なことが多いのである。使い古された言い回しだが、「シンプル・イズ・ベスト」とはいつの時代も変わらないものなのである。

2. マネジメントレポートのフォームを作る

部門別損益計算ルールを明らかにした後は、マネジメントレポートの設計に入る。マネジメントレポートとは部門長に経営者感覚を養ってもらうための月次の部門別業績報告書であり、各部門長に経営をトータルに見せて、業績向上のために適切な手を打ってもらうには、部門マネジメントの成果を明らかにした適切なマネジメントレポートスタイルの月次報告書が不可欠である。

部門マネジメントの成果とは、部門長の行う経営活動全体であり、その対象は日々の事業活動を表す損益計算書のみならず、一定期間の財務活動を表す貸借対照表やその他の部門活動を含む広範囲なものとなる。

損益計算書の重要なポイントは部門長の業績責任、すなわち次項で説明する貢献利益であるが、一方、貸借対照表の重要なポイントは部門長の資金繰り責任、すなわち運転資金である。運転資金とは事業の運営に必要な資金であり、売上債権及び在庫の合計額から仕入債務を差し引いたものであるが、これらの各項目は、部門マネジメントの資金効率を判断する上で欠かせない指標であり、これらの部門別の状況をレポートに入れることが必須となる。

資金責任を明らかにしないマネジメントの笑い話の一つとして次のような話がある。

ある会社で業績を改善しようとコンサルタントを雇い、収益力アップのコンサルティングを依頼した。そのコンサルタントは、売上高アップのため販売促進費を使い、商品戦略を練り実行に移し、会社の期待どおりの成果を上げ、売上高が増加し、経常利益もアップしたが、売り逃しのないよう商品を過大に製造した結果、倉庫には売れ残りの在庫が山となってしまった。そこで社長がその理由をコンサルタントへ問いただすと、「私は売上アップを要求されただけで、在庫のことまでは、言われた覚えは無い」と答えたというのである。

利益だけを見て資金繰りを見ない経営の笑い話であるが、このようなケースと似た話は、会社の中でも実際によく聞かれるのである。このような失敗を防ぐためにも、マネジメントレポートには、運転資金の効率を明らかにした業績責任尺度が必要である。

マネジメントレポートで通常使うレポート様式は、図表Ⅰ・17のようなものである。

図表Ⅰ・17◉部門別損益管理表

部門別業績項目	内訳	当月		計画		累計値		累計値差額	累計値差額
		金額	比率	金額	比率	実績	予算	対前年同期	対予算
売上高	A部門								
	B部門								
	C部門								
	小計								
売上原価	A部門								
	B部門								
	C部門								
	小計								
粗利益	A部門								
	B部門								
	C部門								
	小計								
部門個別費	A部門								
	B部門								
	C部門								
	小計								
部門共通費	A部門								
	B部門								
	C部門								
	小計								
部門貢献利益	A部門								
	B部門								
	C部門								
	小計								
本社費配賦額	A部門								
	B部門								
	C部門								
	小計								
会社利益貢献額	A部門								
	B部門								
	C部門								
	小計								
運転資金配賦額と資金効率（%）	A部門（%）								
	B部門（%）								
	C部門（%）								
	小計（%）								

（%＝部門貢献利益÷運転資金配賦額）

図表Ⅰ・18◉PDSサイクル

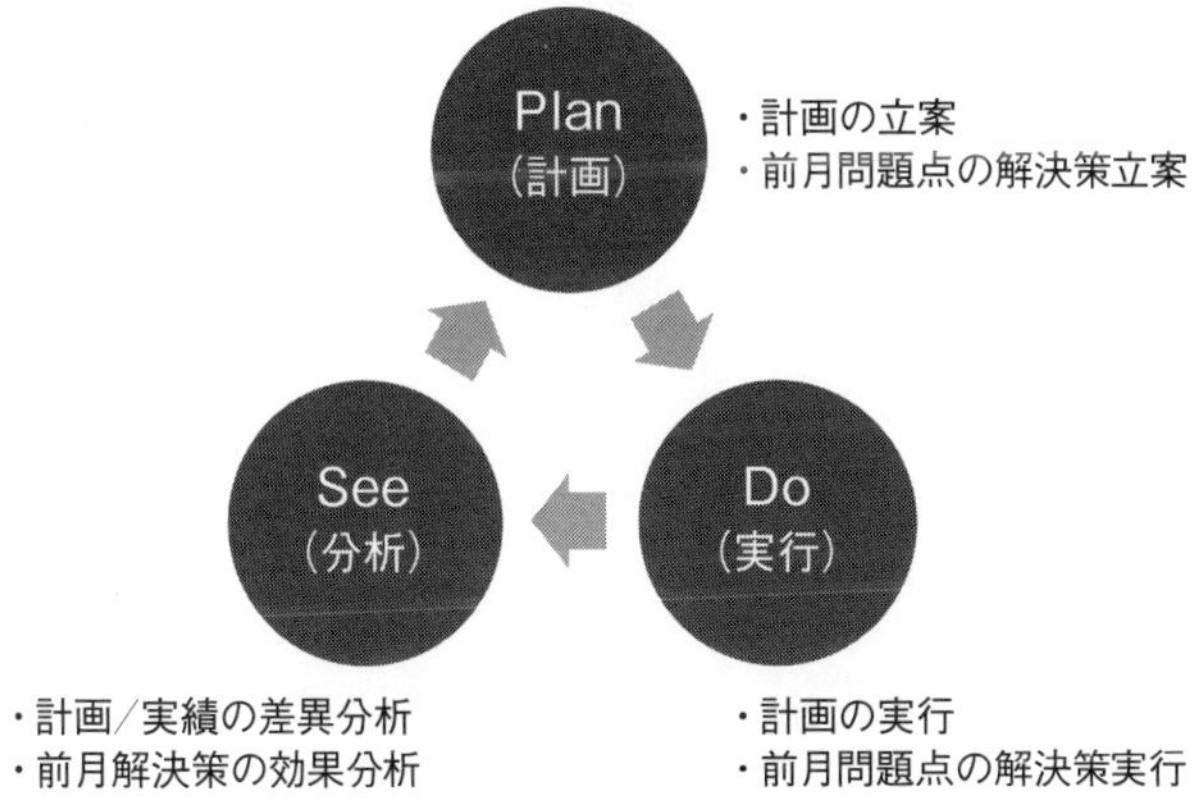

業績責任尺度以外に重要なのは、毎月の業績変動の理由（原因）と翌月の対策を明記させることである。

マネジメントレポートをみていると、業績変動の理由に関するコメントが、「A社の売上が十％減少し、B社の売上が五％減少したため」といった顧客別の売上高の増減の記載にとどまり、表面的な原因だけを記載しているものが多く見られる。このような記載例に陥っている場合は、対策についての記載も「A社に積極的に営業活動を行う」といったような不十分なものになっている場合が多い。

経営者が部門長に期待しているコメントは、どのような活動や提案を行い、成果がどうだったのかという営業活動の分析と結果であり、さらにその結果に対して翌月どのような活動を企画したのかという、Plan（計画）－Do（実行）－See（分析）の活動状況の報告なのである。単なる数値の表面的な差異報告ではないのである。営業活動が成行きで行われていたり、計画性がなかったりする場合、このようなコメントが多くなるため、マネジメントレポートのフォーム作成後の記載内容の指導が重要である。また、これと似たようなケースで、毎月同じような原因と対策の記載にとどまり、新たに立案された施策が見られないことがある。売上増加のための販売施策や方針を書かせると「顧客の売上深耕」という言葉をよく使う管理者がいるが、実際の活動状況を聞くと決してセールス活動が「深く耕す」といったレベルにまで達していないものが見られる。

繰り返し言うが、マネジメントは、Plan－Do－Seeの管理サイクルを回し、アクションの活動内容をより成果の上がるものへレベルアップさせていく活動である。この意味を部門長に理解させる上でも、マネジメントレポートの様式の内容とそれに基づく記載内容の指導が重要である。

3. 部門別の業績責任指標を導入する

前項で述べたとおり、マネジメントレポートにおいて、資金繰り責任と同じく最重要なポイントが部門長の利益責任である。この段階では、部門長に責任を負わせるべき業績指標は何であるかの検討が必要である。

部門長に業績責任を負わせるのは、管理可能な指標、すなわち部門長の裁量により改善できる指標に限るべきである。したがって、部門長の意思決定外の事項（社長の専決事項等）や改善のアクションが直接取れない事項（災害等）から発生した費用は、責任を負わせるべきではないという考え方である。この考え方によると、部門長の責任となる利益は販売費及び一般管理費のうち、本社費を配分する前のいわゆる「部門貢献利益」までとし、それ以外のコスト責任は負わせ

図表Ⅰ・19◉部門別利益の内容

科目名		部門別損益	内　容
売上高		1,000	部門別の売上高
売上原価		800	上記に対応する原価
粗利益（売上総利益）		200	
販管費	部門個別費	100	販売費、交通費など
	部門共通費	30	賃借料、保険料など
	部門貢献利益	70	部門長の責任利益
	本社費配賦額	20	本社管理費、開発費など
会社利益貢献額（営業利益）		50	部門としての評価対象

ず、部門長が責任を負わないコストも含めた全社的視点から見た採算性をみる指標として、共通コストを配分した後の「会社利益貢献額（営業利益）」をとらえることとなる。

この考え方は、実務上も管理者の納得がえられるため、そのような業績責任指標を設定することは問題ないが、部門長が毎月業績検討の対象とするのは「部門貢献利益」でなく、本社費を配分した後の会社全体の営業利益と同じベースで考えた部門別の「会社利益貢献額（営業利益）」でなければならないことに注意が必要である。これは一見矛盾しているように思われるが、部門長が管理可能であろうとなかろうと、この「会社利益貢献額（営業利益）」の高低が会社の営業利益の増減に直接影響を与えるのであり、部門長はこのレベルで良し悪しを考え、改善意識と改善すべき課題を検討してもらう必要がある。このため、場合によっては他部門や経営者に改善案を提案しなければならず、高度な交渉力を必要とするが、これは部門長が経営幹部になるための素養を身につける絶好の機会だと言えよう。

あと、注意したいのは、経営者や特定の経営幹部が積極的に押し進めている部門がある場合、彼らの主張に基づき、特定部門に有利な配分ルールを作ることがあるが、これは絶対にさけなければならない。なぜなら、あくまでも客観的な経営の視点に沿って、真の部門ごとの採算性を明らかにする業績指標を作ることが重要なのであり、特定の事情により一部門の採算の実態を歪めると他の部門にも影響が及び、ひいては経営上の重要な意思決定を誤ってしまう可能性があるからである。

また、事業への投下資金が大きく、借入金が多い会社などでは、当該事業や部門に投下された資金の実態により借入金の金利を事業別、部門別に配分して、営業利益のみならず、経常利益ベースでも事業の採算性を検討できるように業績指標及びマネジメントレポートのフォームを工夫するのも重要なことである。

組織　部門別組織を整備し、部門別業績検討会議を開催する

1．部門長の責任と権限を明らかにする

部門別損益管理を導入し、各部門長の利益責任や経営責任を明確化すると必ず出てくるのが、部門長の権限を明らかにし、責任に見合った権限を委譲してほしいという各部門長からの要望である。

一般的に、中堅・中小企業では経営者に権限が集中していることが多く、部門長への権限委譲の範囲が狭く、些細なことでも経営者にお伺いを立てる傾向がある。このため、部門別損益管理

制度により利益責任や経営責任を明らかにすると「我々部門長は千円の飲食代ですら、社長の承認が必要なんだ。何の権限も与えられていないのに重い責任だけを与えられても果たしようがないではないか。」といった不満が至る所から出てくるのである。経験も知識もある経営者から見ると、部門長は経験不足で知識も不十分に思えるのは当然であり、そのような社員に権限を付与するのにためらいがあるのは当然である。

しかし、ここは経営者が考え方を変えなければならない局面であり、部門長に権限を与え経験を積ませなければ、人材はいつまでたっても育たないのである。部門別損益管理の導入により、部門長が自主的、積極的に部門経営に取り組むようになるには、権限を付与し、部門経営に自分の創造性を取り入れさせることが必要であり、これにより初めて良い結果も悪い結果も自分の責任であり、自らの手で問題の改善に取り組まなければならないという意識が部門長に芽生えるのである。この意識がすべての部門長に浸透すると部門別損益管理制度は半分以上成功したようなものであり、各部門長は責任を果たすことが苦痛ではなく、むしろ経営の醍醐味であるという意識に変わるのである。経営者の指示どおり動いているだけでは、このような人材はいつまでも育たないことを自覚し、経営者は権限の付与に向けて大きく舵を切っていただきたい。

また、職務権限を明らかにし、各部門長に権限を付与する際に、職務分掌規程を作ることがマネジメント組織を強化する上で重要であることについても一言触れておきたい。

職務分掌規程（または業務分掌規程）というと、大企業でも他社の事例を模倣したものが多く、度重なる組織変更などにより条文が空文化しているものも多々見られる。職務分掌規程を作成する場合、いきなり他社の事例をまねるのではなく、まず部門長に自部門の業務の洗い出しを行わせ、これらの業務の中で経営上、重要性の高いものは何かをランク付けし、それぞれのランクの業務にふさわしい権限者を設定することにより規程の原案を作成することが望ましいやり方である。これにより、各部門長は自分達が行うべき業務を再認識することができ、業務の重要性を勘案しながらそれぞれの業務内容を改善することが業績の向上につながることを具体的にイメージできるようになるため、職務分掌規程作成の意味は大きいのである。

【職務分掌規程の章立ての例】

第一章　総則
　規程の目的、規程の管理責任者、規程の改廃等について定める。
第二章　職務分掌
　各部門の業務を部課別に具体的に定める。別表形式でもよい。
附　則
　施行日、改訂日、特則等について定める。

通常、管理者の仕事をみていると、伝票確認や日々の営業活動などといった日常業務の割合が多く、営業企画や生産企画、さらには部門の事業計画策定など自部門の業務の質を向上させるような業務改善的発想が要求される企画、計画業務にかけている時間が圧倒的に少ないことに気付かされることが多い。毎日のように行わなければならない日常業務が優先され、本来経営者が期待している企画、計画業務が後回しにされているのである。これは管理者の陥りやすいワナであり、「日常業務が企画業務を排除する」といって、常に経営者が警告を発し続けなければならない事項である。

このようなワナに陥る理由としては、そもそも企画、計画業務には幅広い知識力や情報収集力が求められるため、知識の吸収や情報の収集に日々の研鑽が必要であること、他部門との折衝や共同作業が求められることから、そのような能力とリーダーシップ力を持ち合わせていない管理者にとってはかなりの苦痛であることなどがあげられる。

しかし、管理者の役割のうち最も重要なのは企画、計画業務であり、前に述べたPlan－Do－Seeの一連の流れをみても、最初にあるのはPlan＝計画なのである。企画、計画業務により、経営のあるべき方向性、部門の業務のあるべき方向性を常に考え、自らが業務改善を提案・実行し、必要に応じてトップに全社的な問題を提言することにより、経営者的感覚を持った管理者が育っていくのである。中堅・中小企業で管理者が育たないと嘆く経営者は、ぜひ管理者に対する企画、計画業務への期待を強め、実践させてはどうだろうか。

しかし、経営に対する問題意識が高く、積極性のある管理者は企画、計画業務に意欲をもって取り組むであろうが、そうでない管理者に対してはどのようにすればよいだろうか。このような管理者に対してぜひおすすめしたいのが、先にも述べた職務分掌のランク分けである。具体的には、職務分掌規程を作成するために洗い出した、各部門の業務項目をＡＢＣにランク分けし、マ

図表Ⅰ・20◉職務分掌と業務ランク付け（例）

（経理部）	重要性ランク
・中長期経営計画の立案と管理	A
・予算編成方針の立案	A
・資金の計画及び統制	A
・予算の実行管理（予実算比較と分析）	B
・年次決算の業務	B
・月次決算の業務	B
・資金の調達と運用	B
・金銭の出納、有価証券類の保管	C
・会社印、社長印の保管	C
・法人税、地方税の計算、納付	B
・内部監査	B
・関係会社の管理（経理書類の徴収と検討）	C
・原価計算業務	B

（注）企画、創造力が高い業務→Aランク
法令遵守業務→Bランク
マニュアル等での事務作業業務→Cランク
（但し、重要なコスト削減や収益改善、アウトプットの付加価値アップのための作業を伴ったものは、BランクでもAランクに属する。）

ネジメント上、最も重要である項目をAランク、次に重要な項目をBランクとするのである。この作業をする中で、問題意識の少ない管理者は、自部門の各業務を自分はどのように考えていて、Aランクと考えている業務は他部門から見るとCランクだったり、自分はCランクだと考えていた業務は経営者から見ればAランクだったりすることが自覚できるのである。

特に経理部や総務部など管理部門の職務分掌については、ABCのランク付けと同時に実際の業務ウェイト比率を算定することが望ましい。両者を比較し、自部門の業務がルーチン業務（Cランクであることが多い）に終始し、企画業務や経営者への提言業務が少なくなっており、マネジメント上の価値が落ちていないかどうかを定期的に検討することにより、管理部門がムダのない業務を行っているかどうかが点検できるのである。

このような作業は一見ムダに見えるが、地道な作業が業務の質を向上させ、ひいては会社の業績向上の礎になるのである。

2. 部門別業績検討会議を行う

マネジメントレポートが導入され、月次の部門別業績が把握された段階で部門別業績検討会議を開催する。会議のテーマはいうまでもなく、部門別業績の向上であり、特に利益の改善である。

【部門別業績検討会議の進め方】

①当月の部門別業績の報告（経理部門）

各部門の売上、粗利益、販管費、貢献利益、営業利益などの主要業績ファクターの当月実績、目標値または過年度実績値との比較を行い報告する。

②当月の部門別業績の分析と問題点の指摘（経理部門）

上記の主要項目の増減理由について、解決すべき短期と長期の問題点を洗い出し発表する。

③当月の部門別業績の分析結果に対する追加指摘事項をコメント（社長、経営幹部）

②の指摘事項に対する改善指針などを説明する。

④業績変動要因と対策の説明（各部門）

各部門長より業績増減に関する原因の説明、実施した対策、実施予定の対策をより詳しく具体的に説明する。

⑤上記の対策についての回答

会議出席者から原因や対策実施の不明点や疑問点を提起してもらい、業績上の問題点の理解や協力を深めてもらう。

⑥社長、経営幹部のコメントと指示

社長や経営幹部から業績向上への取組み姿勢への説明や対策の不足点や補足点の指示を説明してもらう。

⑦翌月実施事項の確認

議長が翌月に実施すべき事項として会議で決定された事項を確認し、議事録に残す。

飲食業であれば店舗別業績検討会議、多角的に事業を行っている会社であれば事業別業績検討会議、拠点が多い会社であれば支店別拠点別業績検討会議などと呼ばれ、その名称はさまざまであるが検討の中心はいずれも部門別の利益である。部門別業績検討会議のポイントは、以下の二点である。

▼各部門長が前月の部門別業績の変動に関する原因を十分に分析し、適切な対策を立案し、レポートに記載するよう指導すること。

▼各部門長が前月に発表した対策の実施状況や結果について、出席者全員がフォローを十分に行い、コミュニケーションをとること。

会議を半年ほど続けると、マネジメントレポートの記載内容もパターン化し、会議自体もマンネリ化することが多いため、会議の出席者、特に経営者は、部門の営業活動や利益を上げるための活動がおざなりなものとならないよう、各部門の活動に注意を払いつつ多様性のある対策を立案させるように指導し、Plan－Do－See の管理サイクルを回し続けながら会議内容のレベルアップを図っていくことが必要である。ただし、その指導が行き過ぎることにより、会議が経営者や経営幹部の独演会や精神論に終始しないよう、あらかじめ図のような会議の運営ルールを定めておき、粛々とそのルールに沿って会議を進めていくことが重要なのは言うまでもない。

3．組織をスリム化し、戦力化する

部門別の業績検討を行う際に論点になりやすいのが肥大化した組織の問題である。中でも成熟

期が続き、年功序列型の人事施策を続けてきた会社は、社員の平均年齢が高く、部門長や部長クラスのマネジメント層も高齢化し、各部門の人件費の重さが業績向上のネックとして切実に感じられることが多い。

この問題を解決するには、まず組織の階層別に人数と一人当たりの人件費を算出して、同業他社の平均値と比較するか、あるべき姿とのギャップをみることから始めるとよい。マネジメント層の人数が多いと、相談したり承認を受けたりする人が増え、組織の行動スピードが遅くなりがちであり、また、彼らの一人当たりの人件費も比較的高いため、業績向上の大きな障害となりやすい。グループ会社が多ければ、マネジメント層の一部を出向などにより減少させ、人件費の負担を軽減させ、組織の重さを解消させることができるが、中堅・中小企業はグループ会社も少なく、このような解決策をとることは困難であろう。

したがって、中堅・中小企業がこのような組織構造の問題を解決するには、もしマネジメント層の専門能力が高く、営業テクニックや生産技術に特に秀でた者がいれば、彼らを社内コンサルタントのような専門職に任命し、組織横断的に現場の問題を解決させることにより、マネジメント層のスリム化と一般社員層の専門能力アップが同時に達成でき、業績の向上につながることになる。しかし、マネジメント層の中に専門職の技能まで身につけている者がいなければ、そのような専門職を設置する意味はなく、いたずらに閑職を増加させるだけである。

このような場合、経営者は率先して彼らをプレイングマネージャーとして再教育し、リーダーシップ力の優れた管理者になるべく能力育成や意識づけを行うべきである。マネジメント層の人数や人件費の重さが業績向上の障害になっている会社は、彼らが期待されているだけの生産性を発揮していないのであり、これが経営者や一般の社員の不満をもたらしているのである。年齢が高く、人件費が高くとも、彼らがプレイングマネージャーとなり、部門のマネジメントを行うと同時に売上アップにも貢献すれば、単なる監督者ではなくなり、部下も重さを感じなくなるはずである。このためにも3Sの原則の三つ目の「教育」を初期段階から継続して行っておくことがいかに重要であるかおわかりいただけよう。

人は、経験と学習を継続して行い、日々の努力を怠らず、自らの能力を高めていくことにより成長し、顧客に評価される人材になれるのである。組織の生産性の維持と向上に奇手はなく、このような形でしか組織構造の問題は解決できないのである。

4．管理コストの適正水準を検証する

もう一つ、部門別業績検討会議を行っていると必ずテーマにのぼるものとして、本社費すなわち会社の管理部門のコストの適正水準の問題があげられる。これは、部門別損益を検討する際、本社費の配賦額が部門貢献利益からの控除項目であり、最終的な部門別の営業利益を大きく左右する要因となるからである。営業部門や生産部門から見ると、直接部門の人員数に比較して、利益に直接貢献しない間接部門のスタッフや管理職の数が多すぎないかという疑問は常に持っているものの、業績が右肩上がりの局面ではそれを問題にすることはあまりない。しかし、いったん業績が悪化すると、少ない部門利益をさらに圧迫させる元凶として本社費が一気にクローズアッ

プされ、業績向上の第一の手段として管理コストの適正化による本社費の削減が叫ばれるのである。

それでは、適正な管理コストとは具体的にどのような水準を意味するのだろうか。この疑問を解決するには、まず間接人員の範囲を明確にしなければならない。広義にとらえると、間接人員は営業支援や生産管理のスタッフにも及ぶが、ここでは本社の経理部、総務部、人事部、企画部など会社全体の管理業務に関わっている社員を間接人員とし、それ以外の社員を直接人員と呼ぶことにする。

これら直接人員に対する間接人員の割合を直間比率というが、会社の規模、組織形態、業種、業態により直間比率はさまざまであり、すべての会社にとっての理想的な直間比率は決めにくい。たとえば、未上場会社で中堅規模の会社の場合、直間比率は五％以内であれば、理想的な水準に近いレベルではないかと思われる。したがって、このような会社では悪くとも直間比率を十％以下に抑える経営努力が必要であり、管理部門の人員の過剰は、厳格な部門別業績検討を進める上でのネックにもなりかねないので、直間比率の変動には常に注意を払っておく必要がある。

組織一般に言えることであるが、組織はいったん作るとその組織を維持するために内部の論理が優先されるため、その後の人員の削減に大変な手数を伴うことが多い。このため、最初から間接人員を増やさないことが重要であり、直間比率を一定の水準に抑えるような方針を設定することが望ましい。

しかし、すでに間接人員が増えてしまっている時にはどうすればいいのだろうか。このような場合には、この項の最初で述べたような職務分掌と業務ランク付けをできるだけ細部にわたり作成し、その分掌ごとの業務にどのくらいの時間を要しているかを調査し、これに各人の賃率を乗じることにより業務別の人件費を算出して、その業務ランクと人件費を比較して、重要性ランクの低い業務にかけている人件費が多ければ、思い切ってその業務を削減することである。このようなコスト削減アプローチを定期的に行うことは手間と時間がかかるが、管理コストの適正水準を維持するためには重要な作業である。

教育 業務改善手法の教育を行う

1. 業務改善方法を教える

部門別業績検討会議が開催され、部門別業績の検討が行われるようになると、その結果、各部門とも業績向上のための業務改善に取り組む必要が生じる。このため、各部門長に業務改善方法を教育する必要があるが、ここでは営業部門の業務改善を一例に説明する。

営業の業務改善方法を一言で表すと、営業部門内の各業務の目的を明確にし、それぞれの目的を達成するための管理ポイントを把握し、そのポイントに基づいて管理資料が作成されているかどうかを確認することである。管理ポイントというと難しく聞こえるかもしれないが、要するに、会社に機会損失を発生させないためのリスク防止に係る業務のポイントであり、業務改善のため

図表Ⅰ・21◉業務と管理ポイントとの関連性（例）

主要業務名	管理資料名	業務目的（管理ポイント）	管理指標
（営業部門）			
・債権管理	・滞留債権一覧表	・債権の早期回収	・滞留期間××ヵ月以上の顧客件数と金額
	・入金遅延リスト	〃	・入金遅延取引件数と金額
	・信用限度（与信）一覧表 ：	・倒産リスク防止 ：	・与信限度超顧客件数と金額
（購買部門）			
・在庫管理	・適正在庫一覧表	・適正在庫の把握	・在庫維持月数××日以上の品目数と金額
	・在庫欠品一覧表 ：	・在庫切れ防止 ：	・受注時欠品の品目数と金額
・外注管理	・外注先、仕入先、財政状態資料	・経営リスクの把握	・借入依存度××％以上、自己資本比率××％以下の仕入先名、仕入依存度
	・納期遅延仕入先リスト	・購入品の遅延防止	・仕入先別、遅延件数と金額

に必ず把握しておかなければならない重要なチェックポイントである。

たとえば営業部門で行う業務の一つに債権管理があるが、この管理ポイントは、滞留債権の防止や回収条件どおりの入金確認であり、これに関連する管理資料として滞留債権の一覧表や入金遅延リストの作成などがある。また、債権管理業務の一環として、客先の倒産リスクの防止も管理ポイントとしてあげられるが、そのための管理資料としては信用限度枠の管理資料がある。

営業部門以外では、在庫管理業務の管理ポイントとして在庫切れの防止や適正在庫の把握などがあげられ、外注・仕入業務の管理ポイントとして仕入先の経営リスクの把握、生産管理レベルの把握、購入品の品質や価格の妥当性の把握などがあげられる。

いずれの部門においても、残業が多い、無駄な業務が多いなどの理由により業務改善が必要であると思われる場合、前に述べた職務分掌規程で明らかにした各部門の業務のそれぞれについて、業務内容、管理ポイント及び管理ポイントをチェックするための資料を明らかにし、資料に過不足がなく、それぞれの資料に基づいて適切な意思決定やアクションがとられているかどうかをみればよいのである。これを実施すると、業務は行われているがその管理ポイントが明らかでなかったり、管理ポイントに対する管理資料が不十分だったりすることが明確にされ、管理ポイントのない業務についてはその改廃を検討し、逆に重要な管理ポイントに対して管理資料がなければ、管理資料の充実や管理業務の強化を検討することになる。

上場会社では、最近の開示強化やコンプライアンスの重視により内部統制（＝内部管理プロセス）を重視する傾向にあり、日本版企業改革法（J－SOX法）の導入により、財務報告の信頼性につながる内部統制業務のチェックは大小問わずすべての上場会社で行われるようになっている。しかし、J－SOX法の対象となる内部統制は財務報告に関連する業務に限定されており、かつ、財務報告の信頼性という視点からみた業務の必要性、有効性を追求しているのである。したがって、中堅・中小企業にとって最も必要な、業績向上の視点から見た業務の効率性、有効性についてはJ－SOX法ではほとんど論じられておらず、かつ、対象業務の範囲も狭いのである。したがって、たとえ上場会社でも、上に述べたような業務改善のアプローチをとることは意味が

図表Ⅰ・22◉業務改善とJ-SOX法の対象範囲の違い

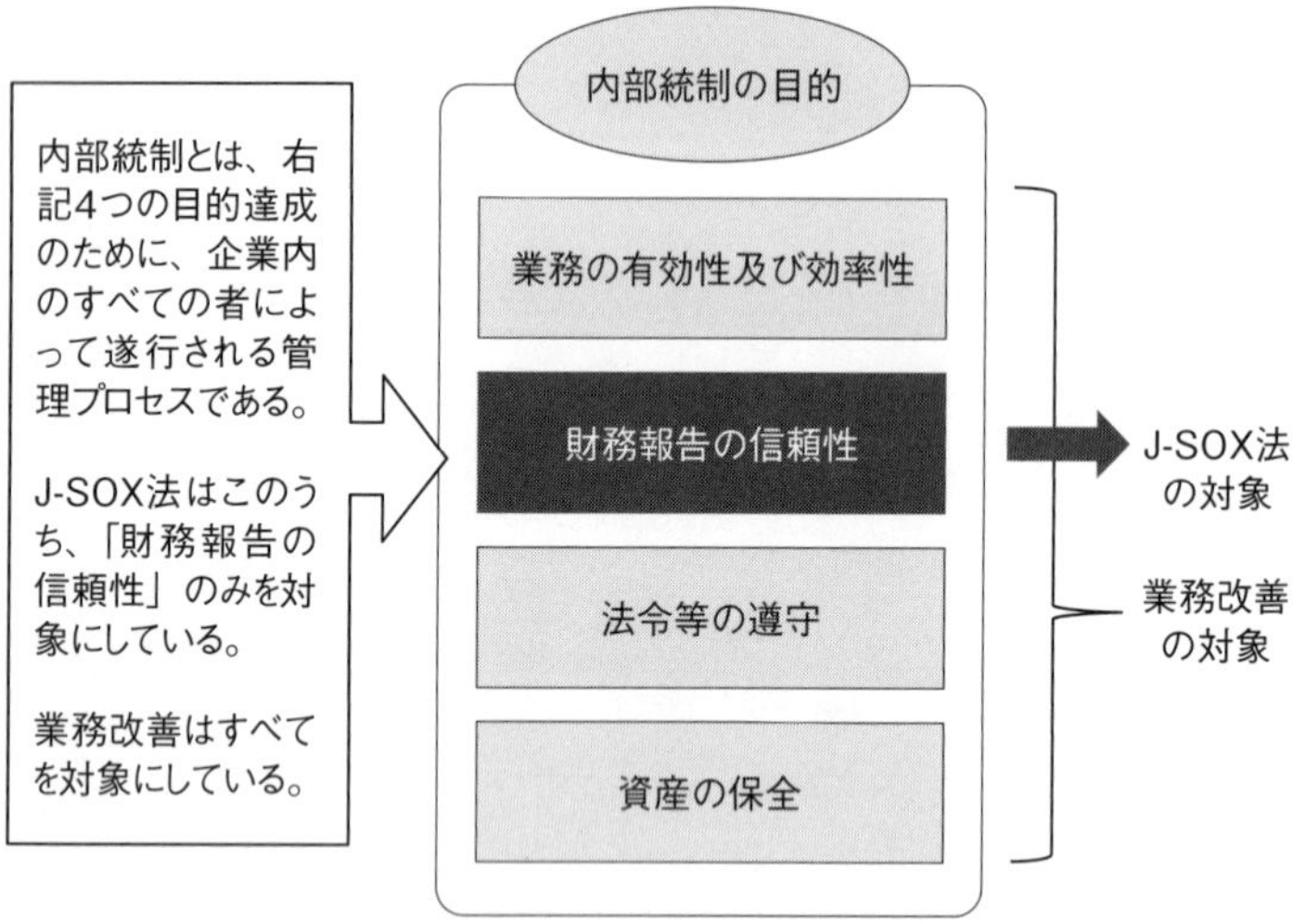
内部統制とは、右記4つの目的達成のために、企業内のすべての者によって遂行される管理プロセスである。
J-SOX法はこのうち、「財務報告の信頼性」のみを対象にしている。
業務改善はすべてを対象にしている。
内部統制の目的
業務の有効性及び効率性
財務報告の信頼性
法令等の遵守
資産の保全
J-SOX法の対象
業務改善の対象

あり、その効果も十分得られると思われる。

一方、中堅・中小企業特有の問題として人材不足があり、いざ業務改善を行おうとしても、専門的な業務知識を有する管理者が少なく、本来どのような業務活動が必要であり、どのように管理ポイントを把握するべきかについてあまり理解していないため、業務改善が思うように進まないことがある。

このような場合、営業管理や生産管理に関する外部研修を積極的に受けさせ、あるべき業務知識を習得してもらうことが先決である。これにより、自部門に必要な業務や管理ポイントがとらえやすくなり、そこに自らの経験が加味されるため、業務改善能力が格段に向上するのである。

いずれにせよ、業務の目的を明確にし、それぞれの目的を達成するための管理ポイントを把握し、そのポイントに基づいて管理資料や業務の必要性を検討することは、コストダウンや収益改善のために不可欠な技術であり、各部門長に十分な業務改善の教育を行い、社内の業務全体の質を高めていく必要がある。

2. 内部統制の整備方法を教える

① 財務報告に係る内部統制整備の必要性

今述べたように、日本の上場会社で求められている内部統制の対象はあくまで財務報告の信頼性を確保するために必要な部分に限定されている。一方、すべての会社が遵守すべき会社法においては、より広範な範囲での内部統制が求められているが、具体的な内容は明確にされていない。このため、非上場会社から、「うちのような会社は財務報告の信頼性を確保するための内部統制の整備に取り組むべきか、もし取り組むとしたらどの程度の整備を行えばよいのか?」といった相談を受けることがしばしばある。

財務報告に係る内部統制とは、会社の作成する財務書類やその他の財務情報の正確性を確保するための内部管理プロセスであり、決算書類はもちろん、この本のテーマである業績管理に関するすべての資料はこのプロセスから作成されている。もし、誤った情報により業績管理資料が作成され、業績検討会議により誤った意思決定が行われていれば、会社の存続などとうてい不可能になってしまうのである。したがって、これに関する事務処理ルールや組織を整備することは、決算を行っているすべての会社で当然のことであり、必要不可欠なのである。

しかし、非上場会社の監査などで実際に多くの会社に訪問すると、内部統制や業務処理方法にまったく問題のない会社は皆無であった。具体的には、営業部門が決算期末直前に押込み売上げを行っていたり、在庫棚卸をしてみると大きな棚卸過不足が生じていたり、売掛金の中に回収不能債権や回収遅滞債権が散見されるなどの問題が見られ、決算書上の公表値の金額の信頼性が大きく損なわれる会社が決して少数とは言えないのが実情である。

したがって、ぜひ次項に書いた整備方法により財務報告に係る内部統制を点検し、決算書類等の正確性に問題があれば業務を改善していただきたい。特に売上、仕入、在庫といった基幹業務の処理の正確性は税務調査においても主要なポイントであり、これらの業務を整備することは適正な申告を確保する上でも重要である。

余談ではあるが、これまでの長い監査経験から、上記の基幹業務に係る内部統制の良否については、以下の三点を見ればおおむね判断できることが多い。

▼売上→得意先との債権残高の違算（不突合）や回収遅れの発生状況
▼仕入→仕入先との債務残高の違算（不突合）
▼在庫→実地棚卸残高と帳簿残高との過不足の状況

得意先との債権や仕入先との債務を、それぞれの相手方と照合すると、売上や仕入に関する業務処理上のエラーは大部分差異となって表れているものである。この差異のボリュームが多く、差異理由の解明がタイムリーに行えない場合、相手先の事情によるものを除けば、間違いなく業務処理上の問題が発見できるはずである。また、在庫管理でも、帳簿在庫に対しての実地棚卸在庫の過不足が多発している会社は、売上、仕入に関する入出庫業務に問題があるはずであり、モノの動きと情報の流れの不一致が多く生じているはずである。

したがって、これらの状況を継続的に監視する仕組みを作っておけば、基幹業務に係る内部統制上の問題を効率的に発見できるであろう。

② 内部統制の整備方法

内部統制の整備は、事務処理フローチャートと事務処理フローを説明した記述式説明書類（マニュアル）で行うのが通常である。専門的なフローチャートの作り方が難しいのであれば、会社が利用している帳票の起票、転記、チェック、承認の流れを示した帳票フロー図で代替してもよい。この場合、帳票フロー図だけではわかりにくいので、これらのフローと作業内容を言葉で説明した業務記述書（説明書）をセットで作成するとよい（フロー図と業務記述書のサンプルについては、財務報告に係る内部統制の評価及び監査に関する実施基準のⅡ.の参考2を参照）。

事務処理が長い間担当者まかせで行われている会社で上記二つの書類が作成されていない場合、特に問題を感じないまま日常の事務処理が行われている可能性が高いため、これらの書類を作り、第三者の視点で事務処理のムダやミスの可能性を再点検してみるだけで、多数の転記や集計、利用していない資料の作成といった問題点が発見できるのである。また、これを行うことにより、本来やらなければならない業務にも気がつき、事務処理に新たな付加価値を与えるチャンスとなるはずである。

【フローチャートの分析による事務効率化の着眼点】

（伝票上の工数の削減）

▼伝票上の押印の業務上の目的（検証、承認、報告、回覧）は、明確であるか。

▼伝票の承認印などが多すぎて、誰が責任をもつか不明確になっていないか。また、承認印を少なくできないか。

▼伝票を統合して、その枚数を削減できないか。また、転記と照合の工数を削減できないか。

▼機械上の自動転記により、伝票枚数を削減できないか。

（帳票、集計表の削減）

▼作成している帳票、集計表を廃止できないか（一般的にタイムリーに作成していない帳票、集計表は、過去の慣行や形式で作成しているのみで、廃止しても業務上の損失は少ない）。

▼その帳票を他の帳票の利用で代替できないか。

▼その帳票を他の帳票と統合して、帳票種類を削減できないか。

▼特定の管理者の便宜のためだけに作っている帳票、集計表はないか。

（管理資料の利用価値マップ）

▼その管理資料の作成目的は明確か、また、それを利用して行う業務上の意思決定と行動は明確で

あるか。
▼その管理資料の情報の利用で行う意思決定は効果が上がっているか。情報不足はないか。
▼その管理資料の作成工数をパソコンの利用や他の外部資料の利用で削減できないか。
▼その管理資料作成コストに見合った業務上の効果を上げているか。
▼その管理資料を廃止しても業務上リスクの少ない管理資料はないか。
▼各部門の主要業務で業務上の目的（管理目的）からみて不足している管理資料はないか。

なお、J－SOX法では、フロー図と業務記述書に加えてリスクコントロールマトリックス（RCM）と呼ばれるリスクと統制の対応表を作成することが推奨されているが、非上場会社の場合、作成する必要はないと思われる。

3．営業活動分析を教える

製造業以外の会社にとって、組織上、最大の人員を占めるのはセールス組織である。したがって、営業部門の活動の分析方法を教育することは、収益の拡大に不可欠のみならず、人件費や経費の節減にもつながる重要なことである。

一般の会社に「営業部隊の活動が効率的、効果的に行われているかについて、あなたの会社ではどのようにチェックしていますか？」と聞くと、大部分の会社では、営業マンに営業日報や週報を書かせて、それを上司がレビューしていると答えるだろう。それでは営業マンの行動記録を毎月または毎週集計し、彼らの営業の行動パターンを分析して、営業時間を効果的、効率的に活用していることを十分に分析している会社はどのくらいあるだろうか。これにイエスと答えられる会社は少ないであろう。

営業マンにとって最も重要な時間は顧客との商談時間であり、この商談時間をいかに多く確保するかが営業マンの時間の使い方の効率性をみる上で、重要な指標となる。商談時間が短く、社内の会議や事務処理などに多くの時間を費やすようでは、新規顧客の開拓や既存顧客の深耕など次々と営業に課されるテーマに適切に対処することなどできないだろう。

また、営業の効率性をチェックする指標としてよく使われるものに、「商談成約件数＝訪問件数×成約率」の方程式がある。この式は「商談成約件数＝訪問件数×商談比率×成約率」に展開することもでき、この場合の商談比率とは訪問件数のうち具体的な商談を行っている件数の比率であり、成約率とは商談件数のうち成約した件数の比率となる。

訪問件数は訪問時間に比例して増加する件数であり、商談比率や成約率は営業スキルの改善によって効果の上がる数値である。したがって、まず訪問時間をいかに増やし、訪問件数を確保するかが売上アップのポイントとなる。営業マンの行動時間のうち訪問時間の占める割合は六〇％くらいと言われているため、営業マンの日報を集計し、上記の割合率を算出して、もしその比率が低ければ、業務や会議の効率化を検討してみてはいかがだろうか。

商談比率や成約率については、営業スキルの改善が必要であり、次項をご覧いただきたい。

図表Ⅰ・23◉営業マンの主要スキル

行動力	計画を実行に移す実行力と行動スピード、行動スケジュールの管理能力
交渉力	クレーム解消や成約のためのねばり強い交渉力
提案力	顧客ニーズに基づく企画力のある提案書の作成能力
計画力	顧客を成約にもっていくための商談ステップの計画力
管理力	自己の行動を反省し、自己啓発で能力スキルアップをする能力、自己の時間の効率的な管理能力
人脈、ネットワーク力	仕事上の情報収集や顧客情報収集のネットワークの広さ、人脈の広さ
商品知識力	商品説明や顧客提案等を行うために必要な商品の幅広い知識の蓄積と理解

4．営業スキルを教える

会社の業績向上にとって、最も重要なのはいうまでもなく売上の増加である。もちろんコストダウンも重要なテーマであるが、コストダウンには限界があり、これだけでは数年で息切れしてしまい、必要なコストまで削減することになりかねず、縮小均衡はおろか売上減少が止まらず倒産の道を歩む可能性もあるため、営業部門のすべての営業マンの営業スキルを向上させ、商談比率や成約率を上昇させることにより売上を増加させることが重要な教育テーマとなるのである。

売上増加のための重要な要素が営業マンの能力であることは前項の方程式でおわかりいただけたと思うが、これがわが社の営業マン育成法であると体系的、計画的にツールやノウハウを保有している会社は意外と少ないと思われる。見よう見まねでベテラン営業マンのノウハウを収集し、研修会を開催したり、彼らの経験談を話してもらったりして、成り行き的に営業マンを育成しているのが実態ではなかろうか。

営業マンの能力育成をテーマにする場合、まず営業マンのスキルを前ページの図表Ⅰ・23のように区分して、そのスキルを伸ばすにはどのような研修や上司のＯＪＴ、現場での実践指導が必要か、経営幹部会議などで明確にする必要がある。

このスキルの具体的な内容は、それぞれの会社のベテラン営業マンの能力とスキルをヒアリングして、定めなければならない。また、それぞれのスキルの具体的な内容は初級、中級、上級の三ランクに分け、段階的にスキルを育成することが可能なようにすることも重要なポイントである。

一方、現在の営業マンを一人一人再評価し、各人の持っているスキルの棚卸しを行うことにより、どのようなスキルをもつ人材がどのくらい社内にいるのか、会社のあるべきセールス活動に必要なスキルに比べてどのくらい人数またはスキルが不足しているのかが明らかになり、営業力強化といった抽象的なテーマがより具体的に見えてくることになる。

すべての会社にとって人材育成は欠かせないテーマであり、それぞれの職種の人材に要求されるスキルを明らかにし、各人の能力を把握し、育成法をステップ化し、計画的・体系的に人材を育成していくことにより、人材不足解消のスピードが向上していくことになるのである。

ステップ

II

予算管理制度の整備

Planning

3S	ステップⅡ：予算管理制度の整備ポイント	
仕組み	❶	予算編成のルールを作る
	❷	予算管理のフォームを作る
	❸	業績の先行指標を導入する
	❹	投資の意思決定ルールを作る
	❺	新規投資の撤退ルールを作る
組織	❶	予実分析を十分に行う
	❷	予実検討会議を行う
	❸	成果主義の導入を検討する
	❹	各種会議を効率化する
教育	❶	収益改善アプローチを教える
	❷	売上予算の編成に必要な営業情報を教える
	❸	顧客開拓手法を教える

ステップIまでで、MaPSの法則の第一段階である月次の実績管理体制、すなわち月次決算制度、原価管理制度及び部門別損益管理制度が段階的に整備され、各種分析スキルが導入され、会社の業績改善に係る各種問題点の抽出や対策の立案がされ、それらが実行されることになる。その結果、それらの対策が確実に実行、フォローされていれば、会社の収益（利益）改善活動は経営者が実感できる程度に進んできていると思う。

しかし、もしそれらの対策があまり実行されていないようであれば、このステップⅡでもさらなる収益改善課題が出てくるため、すべての課題が中途半端に終わる可能性がある。決めたことを着実に実行する社内風土を作り上げた上で、このステップⅡの予算管理制度の整備に着手していただきたい。

また、月次の実績管理体制の整備が不十分なまま予算管理を導入すると、各部門の実績数値の把握が不十分なまま予算編成を行うことになるため、その目標は絵に描いた餅となりやすく、それを達成するための収益改善や売上向上の具体策も立案できず、仮に立案できたとしてもその改善効果を測定できないため、結果として単なる数値シミュレーションに終わってしまう可能性が高いのである。

これらを含めて、中堅・中小企業が陥りやすい予算管理における実務上の問題点として次のようなものがあげられる。

【予算管理で実務上よく見られる問題点】

▼単なる数値シミュレーションに終わっている。
▼科目別の費用の積上げ方法の検討が不十分である。
▼特に経費において、クッション（余裕枠）の金額が多く、抜け穴だらけの予算になっている。
▼売上と粗利益の予算のみ営業部門が編成しており、人件費や経費を含めたトータルな予算編成が行われていない。
▼ゼロベースで予算編成せず、前年度の費用をベース（既得権）とした予算を編成している。
▼予算達成のための実行計画や行動計画があいまいで、施策が抽象的なためフォロー作業（予実分析による実績の評価）ができない。
▼予算を作りっぱなしでフォロー作業が十分行われていない（予実分析表が作成されていても、各部門がフォロー作業を行っていない場合はこれに含まれる）。
▼経営者や部門長のかけ声だけで利益を増やした売上偏重予算となっており、売上と人件費、経費予算がアンバランスになっている。
▼方針、施策を多く盛り込みすぎて、達成不可能な実行計画になっている
▼予算編成時の現状分析が不十分で、対策の有効性が疑わしい。
▼各部門で編成された予算のレビュー（チェック）が不十分のため、数値と施策のつながりがない。
▼予算編成のプロセスが明文化されておらず、プロセスとポイントが明らかでない
▼経理部門ですべての予算を編成しており、営業部門の予算に対する理解が乏しい。

▼予算の編成時、収益改善策について十分検討を行っていない。
▼別に計上すべき戦略費用を明確にせず、戦略費用まで経費削減の対象としてしまう。

以上をみてわかるように、問題点の大半は、予算＝ノルマであると考え、数値目標を達成することが唯一の目的であると誤解してしまった結果、予算管理が「利益を伸ばすために各部門が実行すべき経営活動に対する数値面からのコントロール手法」であることを忘れて、手段が目的化していることに起因するものである。

このような問題を引き起こさないための予算管理制度整備のポイントは一四四ページのとおりであり、次節からそれぞれを説明する。

仕組み　予算管理の仕組みを作る

1．予算編成のルールを作る

① 予算編成の原則

一般的に、予算編成は売上高予算に始まり、当該予算に対応した売上原価予算及び販管費予算を策定し、これと並行して部課別予算の編成を行うことになる。売上原価予算は仕入（製造費）予算と在庫予算に大別して策定する。販管費予算は人件費及び経費予算に大別され、それぞれを

図表Ⅱ・1◉一般的な予算体系と予算編成の流れ

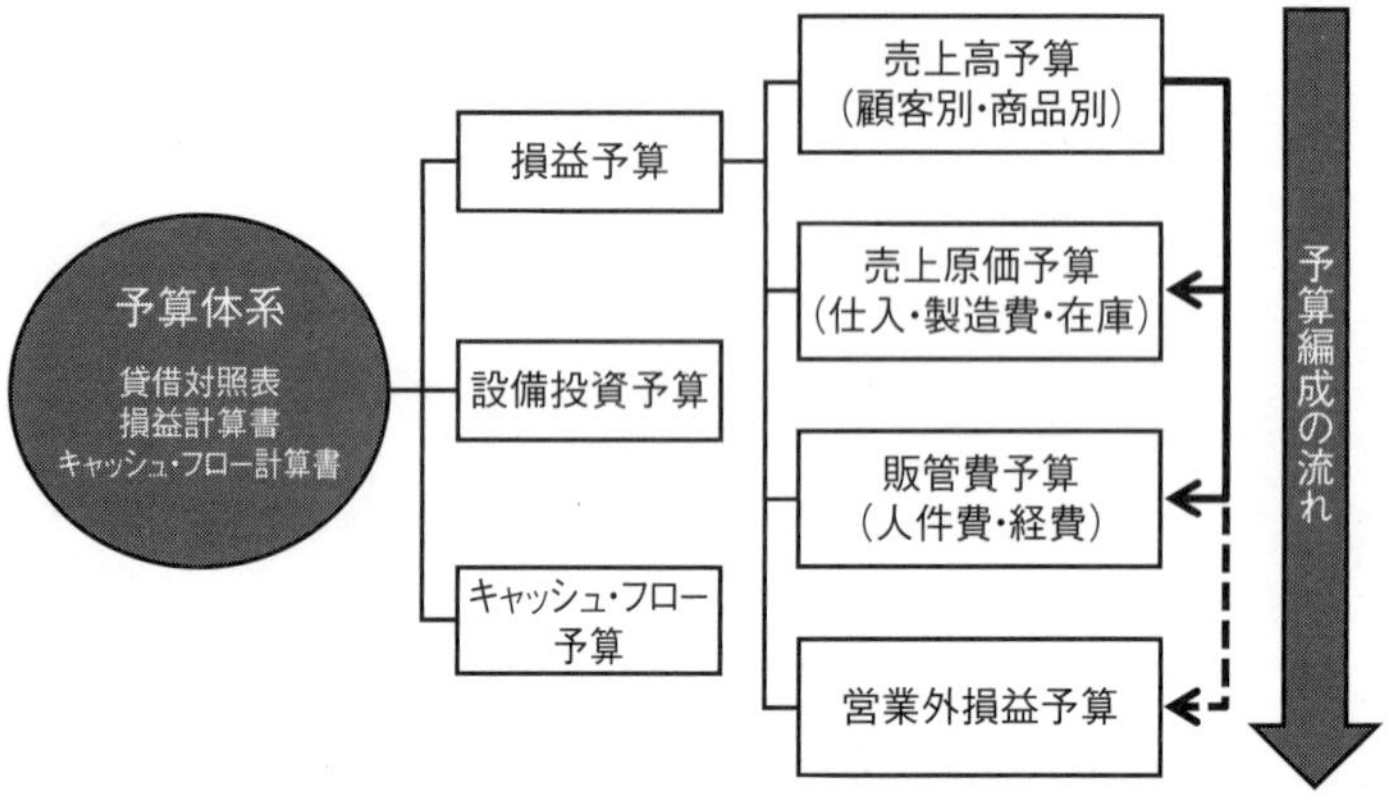

科目別、さらには支出項目別に細分化して策定する。

売上高予算や売上原価予算については、これまでに整備した原価管理制度や部門別損益管理制度において決定した月次実績管理のベースとなる区分（顧客別、商品別、店舗別など）に合わせて積み上げ計算を行う。

経費予算については、科目別だけでなく支出項目別に積み上げ計算を行っていない場合、支出された経費が予算に組み込まれていたものか否かが判然とせず、実際の予算コントロールが難しくなるため、できり限り経費予算は支出項目別まで細分化して策定することが望ましい。

② 成行予算を最初に作る

予算編成において行うべきことは、最初から目標とする予算を設定せず、まず成行（なりゆき）予算を作成することである。

成行予算とは、大きな内外環境の変化がなければ来期に達成される可能性の高い業績予測値のことである。この成行予算の作成を最初に行わず、いきなり目標数値の設定に入ると、一〇%や二〇%といった目標数値だけが一人歩きし、新たな経営活動やその成果目標が何であるか明確にできないまま予算が決定されるため、予算と実績の差額が目標値自体の設定誤りによるものなのか、各部門の努力不足によるものなのかがわからず、結果としてあまり意味のない予算となり、マンネリ化しやすいのである。

また、成行予算自体が従来の延長線であり、実際の予算はこれにプラスアルファが要求されるため、各部門が安易に成行予算を最終予算として提出することを防止する意味でも効果のある手法である。

ピーター・ドラッカーはその著「マネジメント」において、企業の目的は「顧客の創造」であり、これを達成するには「マーケティング」と「イノベーション」という二つの機能が不可欠であることを述べている。この意味でも、来期に向かって売上や利益を増加するためにはまず成行予算を作成し、プラスアルファとしての目標売上や目標利益を達成するためにはどのような課題があり、これを克服するためにはどのようなマーケティング活動を展開すべきか、また、将来に向けてどのようなイノベーション活動を実施すべきかを予算編成の過程において社内で十分に討議し、検討することが重要なのである。

③ 目標利益は高い数値を考える

経営者のプレッシャーなどにより、予算を必達目標であると考え、達成可能性ばかり気にするようになると、各部門とも悲観的な見通しを立てるようになり、売上を前年比数％アップするとともに同率のコストアップを見込んだような形だけ整えた悲観的な予算を立てやすくなる。先に述べたように、成行予算から目標設定に至る過程でどのようなマーケティング活動やイノベーション活動を実施するかを社内で討議し、目標を共有し、各人が目標に向かってベクトルを合わせて日々の活動に邁進していくのが予算の最も大事な機能であり、このような討議の結果、仮に前年度比数％アップの予算になったとしても、それは単なる悲観的な予算ではなく、皆が納得した客観的視点により設定された目標とすべき予算なのである。

悲観的な予算を廃し、目標とすべき客観的な予算を編成するためにはまず、以下のような点を考慮しなければならない。

▼会社が財務体質上達成しなければならない利益はいくら必要なのか
▼借入返済予定額をキャッシュ・フロー上確保するためには、利益はいくら必要であるか
▼会社が経営上のリスクに耐えるためには、適正な利益水準はどの程度必要か
▼同業他社並みに利益を確保するには、どの程度利益を確保しなければならないか

これらの視点を総合的に勘案し、あるべき利益水準を協議し、そこに向かっていけるような高い目標利益の設定を行うべきである。また、さまざまな利益水準を具体的に目にすることで、これまで経営参画意識の低かった経営幹部や管理者が目標と現実とのギャップを目の当たりにし、経営改善の緊急性や必要性を痛感するといったメリットも得られることを付言しておく。

図表Ⅱ・2◉一般的な予算編成プロセス

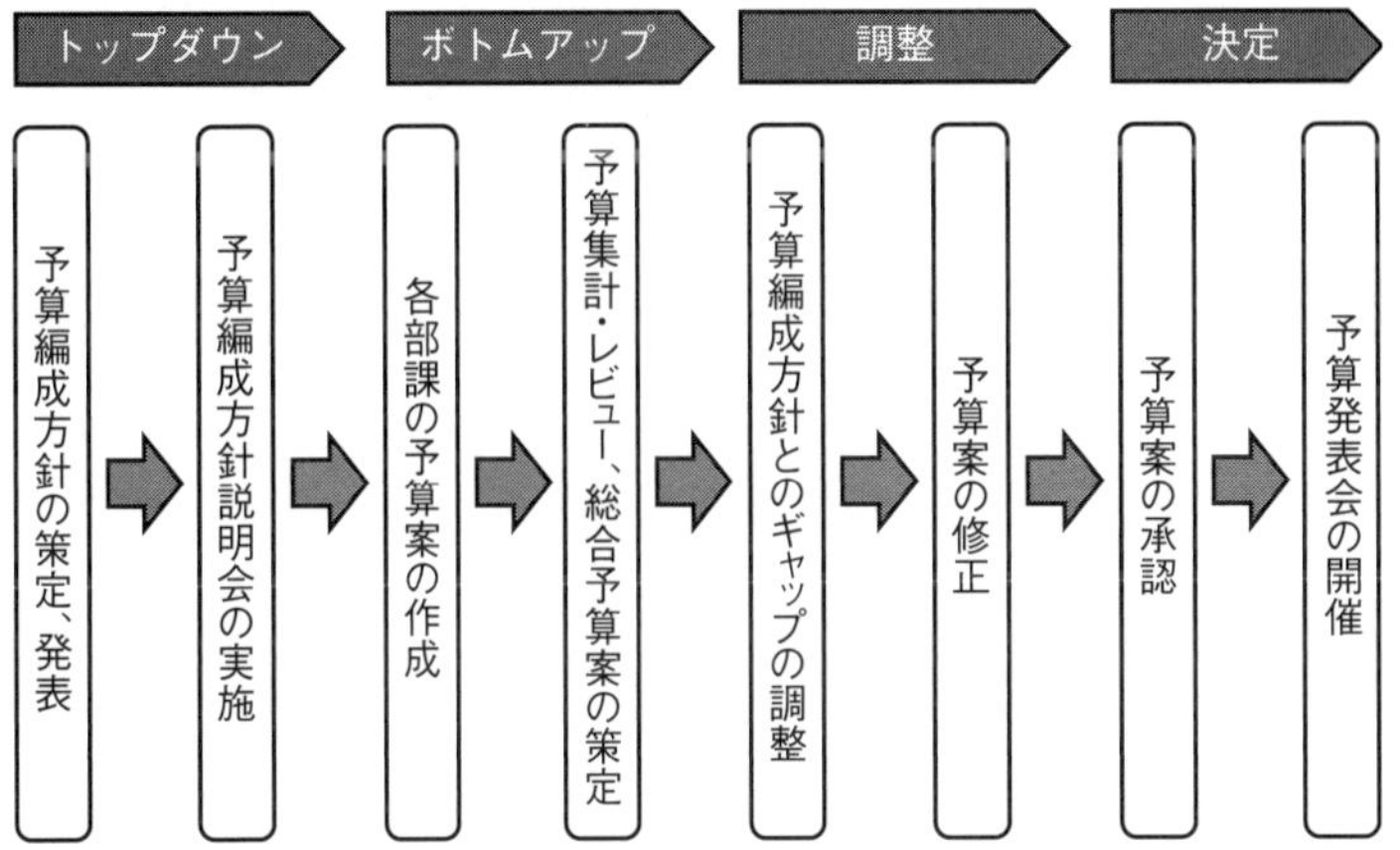

④　予算はトップダウンとボトムアップの調整で作る

予算は、組織の本質である「人間性の重視」という側面から考えると、各部課からの自主申告に基づいてこれをそのまま集計し、部門別予算として組み立てて編成するのが本来の姿である。しかし、これではそれぞれの部課の利害のみに基づき予算が編成されることになり、部門全体や会社全体の方針や目標が予算に反映されなくなってしまう。

このため、まず会社全体としての予算編成方針や目標を経営者が策定し、各部課から積み上げられてきた予算をこの方針や目標と比較し、ギャップを調整しながら最終的な予算を作り上げるのが予算編成プロセスとして一般的となっている。

このプロセスや調整段階での話し合いが不十分な場合、目標設定が低いものとなったり、逆に達成不可能なレベルの高い目標になったりするので注意が必要である。優れた経営者は、この辺のバランスのとり方が経験則でわかっており、達成可能な数値より若干高目なくらいの目標設定が最適であるという方針のもとに微妙な調整を行っているのではないかと思われる。

⑤　方針と施策を明確にする

予算は単なる数値予測やシミュレーションではなく、各種の経営活動と方針と施策を明らかにした結果としての数値目標としてまとめ上げられたものが予算なのである。しかし、数値ばかりが先行し、やるべき経営改善の活動が見えてこない予算も数多くあるため、実効性のある予算を策定するには、経営活動の方針と施策の検討に十分に時間をかけられるように予算編成スケジュールを立案することが重要である。

また、各部課の方針や施策は数値目標と連動していなければならず、両者に不整合があってはならない。

数値目標と方針、施策がかけ離れ、方針や施策をどう読んでも、数値目標の達成が見えてこない予算がよくある。方針や施策は表面的なものではなく、環境の変化をふまえて、自らの進むべき道を真剣に考え、熟考されたものでなければならず、去年の予算書を見ながら毎年同じような方針や施策を書いているようでは管理者失格である。

⑥　厳しいレビュー、フォローを必ず入れる

予算編成において、管理者から申告された予算をそのまま受け入れた場合、その後、トップダウンによる調整を行ったとしても、管理者の利益目標を達成したいという意識の強さによって、売上や経費科目の中にクッション（余裕枠）が残ってしまう場合が多い。また、予算編成スケジュールに余裕がない場合、管理者の策定した方針や施策についても十分に検討されていないことが多く、この結果、中途半端な予算が確定予算として承認されることになってしまう。

このような事態を防ぐには、各部課の作成した予算に対して、経営者のスタッフである企画部門によるレビューを実施し、不十分な予算が承認されることのないようチェックすることが必要である。中堅・中小企業の場合、企画部門が存在しない会社も多いため、このような会社では視野を広くもった経理部門や管理部門の長がこの機能を担うことになる。

さらに、予算が承認された後は作成担当者やレビュー担当者が月次実績のフォロー（予実分析）を十分に行うことも重要である。

予算編成は、スケジュールの制約があるため、どうしても見切り発車的な部分が残ってしまう。このため、数値はもちろんのこと、方針や施策についても毎月実行しながら中身の十分性、実現可能性を吟味し、精度を高めていく必要があり、これらが現実に合わなくなってきた場合の見直し時期や見直し後のフォローの方法を事前に決めておくべきである。これを怠ると、方針や施策に実行不可能なものが含まれたままであったり、予算と実績が大きくかい離したまま下半期を迎えた結果、達成不可能な予実比較を毎月行ったりするようになるため、ぜひとも予算が承認された後のフォロー方法を明確にすべきである（予実分析については組織の項を参照のこと）。

⑦　重要なプロジェクトは実行予算を作る

研究開発、M&A、情報システムの開発など重要なプロジェクトは、必ずプロジェクト別の実行予算を作ることも重要である。

このようなプロジェクトは長期的な視点に立った投資であることが多く、設備投資やコストが中心の予算となるが、プロジェクトの進め方によっては費用対効果が大きく変わるため、プロジェクトの段階ごとに達成すべき成果を明確にした上で必要な予算を設定するなどし、後で効果測定のできるような工夫を入れたものにすべきである。たとえば、情報システムの開発プロジェクトの場合、外部のIT業者やコンサルタントを利用し、彼らの提案書や企画書に沿ってプロジェクトを進めていくことが多いと思われる。しかし、この場合でも彼らの作成した開発スケジュールやプロジェクトの見積書をそのまま会社の実行予算とするのではなく、まず会社の判断（企画力、創造力）に基づいたプロジェクト計画を策定し、システム導入後の効果測定の方法を明確にした上で、全体スケジュールや目標にしたがって独自の実行予算を作り、この中に彼らの提案を取り込むべきである。

なお、このようなプロジェクトは事業年度の途中に決定することもあるため、その場合は期中でも実行予算を策定し、総合予算を修正すべきである。

⑧　戦略費用を明確にする

予算を作る際にぜひ行っていただきたいのは、戦略費用の明確化である。

部門別の損益計算書において、販売費及び一般管理費はまず人件費や経費に区分され、さらに給与手当や福利厚生費、交際費、賃借料といった機能別に区分されるのが一般的であり、予算編成もこの勘定科目にしたがって行われている。これらの勘定科目は主に財務会計に役立つよう設定されているが、支出目的が明確になっていないため、現時点での効率が悪くとも将来の事業拡大を狙って先行投資的に使っているような戦略費用が明確でないといった問題が生じてしまう。このため、業績が悪化し、経費を一律に削減するような場合、このような戦略費用も対象となってしまい、ますます業績が悪化するような事態を招いてしまうおそれがある。このような事態を防ぐため、上記のような費用を「戦略費用」として通常の費用とは区分して予算化すべきである。戦略費用の具体的例としては、研究開発や新商品・新業態の開発、海外進出など先行投資活動に係る人件費や経費（売上高や粗利益があればこれらを控除した赤字部分）があげられる。

医薬品業界では、新薬の開発に売上高の一〇%以上を毎期投じており、将来の会社の競争力を維持している。一般の会社でもそのような先行投資的活動や費用は必ずあるため、まず自社の先行投資的費用がどれくらいあり、これが将来のリスクに十分対応しその効果があげられているかを見極めた上で、戦略費用を会計上明確にし、予算に組み込むべきである。

このように、一般的に見なれた機能別分類による勘定科目の一部に目的別分類である戦略費用を導入することで、現在の費用と将来の費用とが明確になるため、経営資源の効率的な配分のあり方に関する議論もより具体的に進むことになろう。

2. 予算管理のフォームを作る

① 予算編成のフォームを作る

予算編成のフォームについては特別なものを作成する必要はない。なぜなら、前章において部門別損益管理ができるようになっており、毎月部門別の月次損益計算書が作成されているはずであるから、これをもとに各部門の損益予算を作成すればよいのである。

科目別の予算編成方針についても、前章までに決めている月次決算ルール、原価計算ルール及び部門別損益計算ルールにしたがって、年間及び月次の予算を編成すればよい。実績の計算ルールと予算の編成ルールを合わせておかなければ、せっかく予算を作っても予実分析の内容の大半が「予算の計上方法の誤り」ばかりになってしまい、まったく意味のないものとなってしまうのである。

② 予算統制のフォームを作る

予算統制のフォームについても特に作成する必要はない。なぜなら、前章において作成した「部門別損益管理表」の「計画」欄を「予算」欄に変更すれば、これがそのまま予算統制のフォームになるからである。状況に応じてこの表に、プロジェクト別の実行予算の支出状況や戦略費用の予実比較、次に述べる先行指標などを加えればさらに管理レベルは向上する。

3．業績の先行指標を導入する

予算の未達成が続いている会社の営業部門は、当月や翌月の売上に追われ、常に目先の目標達成に終始していることが多い。反対に、売上実績が常に予算を上回っているような会社は、営業部門が半年先、一年先の売上を見据えて、そのための受注活動や成約活動に注力しており、そのための先行指標を整備していることが多い。

たとえば、建設業の場合、売上計上以前の受注活動が数ヵ月あるいは数年にわたって先行して行われるため、受注物件ごとの受注可能性に基づいた受注額予測や新規顧客の開拓や引合いに対する営業活動の進行状況の管理を行っていることが多い。また、通信業などの設備投資型産業においては、売上計上の前に多額の投資や宣伝活動が行われるため、これらの進捗状況の管理が先行指標となることがある。

このように、先行指標は業種や業態によって異なるが、売上計上までに比較的時間を要するビジネスであれば、このような先行指標は必ず存在するのである。したがって、まず自社の業績の先行指標としてどのようなものがあるかを検討し、その先行指標に基づき営業活動や投資活動の管理を行うことが、予算未達成の続く会社から常に予算を達成する会社への転換を図る第一歩になるのである。

4．投資の意思決定ルールを作る

予実検討会議や役員会などで必ず上がるテーマが、投資に関する意思決定である。

図表Ⅱ・3◉単純回収期間法の例

		X0期	X1期	X2期	X3期	X4期	X5期
投資額	X	△10,000					
営業利益（税引後）	A		500	500	500	500	500
減価償却費	B		2,000	2,000	2,000	2,000	2,000
営業キャッシュ・フロー増加額	C=A+B		2,500	2,500	2,500	2,500	2,500
固定資産売却収入額	D						500
キャッシュ・フロー増加合計	E=C+D		2,500	2,500	2,500	2,500	3,000

（注） 金額が重要な場合、減価償却費及び固定資産売却損益に対する節税額を考慮する。

投資回収残額		△10,000	△7,500	△5,000	△2,500	0	

この場合、4年で投資額を回収できるので、回収期間は4年となる。

中堅・中小企業における投資の意思決定は、経営者のツルの一声で決まることが多く、それぞれの経営者が自らの知識や経験に基づいて独自の判断で意思決定を行っている場合が多い。しかし、経営幹部や管理者の意見を聞かず、経営者の一方的な判断により投資が行われていると、社員の経営参加意欲が薄れ、予算の達成や業績向上に向けてのモチベーションが低下し、ひいては予算管理制度導入プロジェクトの支障にもなりかねない。

また、いったん投資が行われると、減価償却費だけでなく人件費や経費などの固定費が経常的に増加し、経営の柔軟性に影響を与えるだけでなく、多額の借入れを行うことが多いため、キャッシュ・フローも圧迫されてしまう。

このため、投資の意思決定に関しては、あらかじめ将来の売上増加額や費用の減少額を合理的に見積り、それらが自社の損益やキャッシュ・フローにどのような影響を与えるのかを具体的に検討するための成果予測計算ルールを作っておく必要がある。

成果予測計算の方法は、業種、業態でさまざまであるが、一般的に行われているのは投資額が何年で回収できるかをキャッシュ・フローの純増額により測定する回収期間法である。

ここで業績予測を行うべき期間は、投資した固定資産の減価償却費計算に用いる税法上の耐用年数ではなく、同業他社との競争状況や技術進歩をふまえた経済的耐用年数であることに留意する必要がある。たとえ、税法上の耐用年数が十年であったとしても、実際に固定資産を利用するのが五年だった場合、十年の成果予測計算を行っても意味がないからである。

また、投資の意思決定を行う際、代替案も検討しておく必要がある。投資を提案した部門から見ると、この投資は絶対に必要であり、このタイミングを逸すると多大な損失が生じると考えがちである。しかし、会社にとってその投資が現時点で本当に最優先されるべきテーマなのか、より効果的に収益改善が期待されるテーマがほかにないのか、このタイミングで投資を行うのが適切なのか、投資を生かせる人材やインフラは整っているのか、投資の前にやるべきことはないのかといった点を経営の視点に立ち返り、代替案の余地はないのかについて十分に検討しておくことが望ましい。

投資を検討する際、会社全体の財務体質に与える影響度も考慮に入れる必要がある。多額の投資が借入金により行われると、自己資本比率が大幅に低下し、財務上の安全性が損なわれるおそれがあるからである。

この安全性を判断する指標として重要なのが、債務償還年数であり、公式⑤により算定される。

債務償還年数が十年を超えると、経営が不安定になり、経営のカジ取りに柔軟性がなくなることが多い。また、銀行が貸出先に対して行っている自己査定においても、上記年数が十年未満であれば通常「正常先」に区分され、スムーズに借入れを行えるが、十年以上であれば「要注意先」に区分される可能性があり、今後は銀行からの信用供与が困難になる可能性があることに留意しておく必要がある。

以上のように、投資の意思決定についてはさまざまな検討すべき点があるため、これらにもれなく対応できるようなチェックリストをあらかじめ準備して、投資を行うべきであり、経営者独自の判断や会議の雰囲気だけで投資に走るようなことは極力避けるべきである。

5．新規投資の撤退ルールを作る

投資の意思決定ルールと同様に重要なのが、新規の投資案件に関する撤退基準である。これは、次章で解説するＭ＆Ａや新規事業への進出でも重要なポイントとなる。

撤退基準とは、投資累計や赤字累計がいくらになったら投資の継続をあきらめ、撤退を開始するかという基準である。具体的には、先に述べた回収期間法などにより投資の有無を決定する際に、回収予測が

公式⑤　債務償還年数

$$債務償還年数 = \frac{有利子負債残高}{経常利益＋減価償却費}$$

（注）1．経常利益は会社全体の平均的な額を用いる。
2．経常利益は税引後のものを用いる。
3．有利子負債は短期借入金、長期借入金、社債等である。

外れ、売上が伸びない等の理由により赤字が続いたり、投資だけが継続したりする場合、どのタイミングで損切りを行うかに関する取決め（例：赤字累計が○億円を超えた場合、投資を中止し、撤退する）を、あらかじめ決めておくのである。

なぜこのような悪い結果を最初から予測して基準を作るかというと、経営者や経営幹部は自ら行った投資案件に対する責任感や思い入れが強く、赤字が予想以上に続いたとしても、いつか状況が好転するのではないかという期待を抱いたまま投資を継続する傾向があるため、会社の存続に関わるような事態に陥る前にこのような投資をストップするためである。

これは日本人の特性かもしれないが、「戦う前から負けることを考える奴がいるか！」という考え方を持っている方が割合多く、これまでの経験上も撤退基準の策定については否定的な会社が多いのが事実である。しかし、経営者や経営幹部の私情がからまず、客観的に判断できる段階で、あらかじめ撤退基準を定めておくのが投資で大きな失敗を起こさない唯一のコツであり、必ずこれを入れた上で投資の意思決定を行うようおすすめする。

組織　部門別組織をレベルアップし、予実検討会議を開催する

1．予実分析を十分に行う

予算統制とは、策定された予算と実績とを毎月比較分析し、経営上の課題を明らかにする手続

であり、Plan－Do－Seeの管理サイクルの中核をなす部分である。この中でも特に予算と実績の比較、すなわち予実分析が重要であるが、これが十分機能していない会社もみられるため、注意が必要である。

たとえば、多額の予実差異（予算未達成）が毎月発生し、上半期が終わる頃には、挽回不可能なほど差異が累積してしまうことがある。この場合、下半期の予実分析はおざなりなものになってしまい、各部門とも予算達成意欲がなくなり、本来、業績向上に対するモチベーションを高めるための予算がまったく機能しなくなることがある。これを防ぐには、早期に予算を修正する方がモチベーション向上の観点からは望ましい。ただし、その場合でもなぜ差額が拡大したのかについて原因を明らかにし、対策を立案し、今後は同様の事態を招かないよう修正予算方針と施策にそれを反映した形で修正予算を作るべきである。

これまでの経験では、予算達成率の高い会社ほど客先や発注先の動向を十分把握しており、相手先の経営状況や仕入、販売の動向に関するさまざまな情報を有しており、その変化にも敏感である。反対に、予算未達成の多い会社は相手先の動向について十分な情報を有していない場合が多い。このため、予算達成率の高い会社で予実差異の原因を尋ねると、相手先の状況の変化から十分に説得力のある説明ができるため、具体的な対応策も立案しやすいが、一方、予算未達成の多い会社は相手先の動向に敏感でないため、なぜ予実差異が生じたのか説明できず、対応策も抽象的なものになりやすい。したがって、的確な予実分析を行うためには、常に相手先の動向に気を配り、情報を蓄積・共有し、有効に活用できるような組織作りをする必要がある。

2．予実検討会議を行う

予実検討会議の進め方は、前章で述べた部門別業績検討会議の進め方とほぼ同じであり、会議のテーマは部門別業績の向上であり、利益の改善である。

【予実検討会議の進め方】

①当月の部門別業績の報告（経理部門）

各部門の売上、粗利益、販管費、貢献利益、営業利益などの主要業績ファクターの当月実績と予算値との比較を行い報告する。

②当月の部門別業績の分析と問題点の指摘（経理部門）

上記の主要項目の予実差異理由について、解決すべき短期と長期の問題点を洗い出し発表する。

③当月の部門別業績の分析結果に対する追加指摘事項をコメント（社長、経営幹部）

②の指摘事項に対する改善指針などを説明する。

④業績変動要因と対策の説明（各部門）

各部門長より予実差異に関する原因の説明、実施した対策、実施予定の対策をより詳しく具体的に説明する。

⑤上記の対策についての回答

会議出席者から原因や対策実施の不明点や疑問点を提起してもらい、業績上の問題点の理解や協力を深めてもらう。

⑥社長、経営幹部のコメントと指示
社長や経営幹部から業績向上への取組み姿勢への説明や対策の不足点や補足点の指示を説明してもらう。
⑦翌月実施事項の確認
議長が翌月に実施すべき事項として会議で決定された事項を確認し、議事録に残す。

3．成果主義の導入を検討する

予算管理制度の整備を行っている際、社員のニーズが高いのは成果主義、すなわち予算達成率による成果配分（業績給）の導入である。社員からすると、予算が未達成なら上司からいろいろ文句を言われるのだから、予算を達成した場合は何らかの形での見返りがほしいというわけである。これは当然の要求だろう。

一般的に成果主義を導入する場合、成果のとらえ方（予算達成率、前年比増加率、顧客開拓件数等）や成果配分の方法（業績給の割合、算定方法等）といった技術的な側面が問題になるが、本来はまず、成果主義に関する経営哲学を明確にすべきである。なぜ成果主義を導入するのか、成果とは業績だけなのか、社員をどういう存在だと考えているのか、目指すべき理想的な会社とはどのようなものなのか。このような問いに答えられなければ、単に経営の道具として社員を考えているかのような誤解を与え、株主価値向上が最大の目的である欧米型の経営を目指している

図表Ⅱ・4◉マズローの欲求段階説

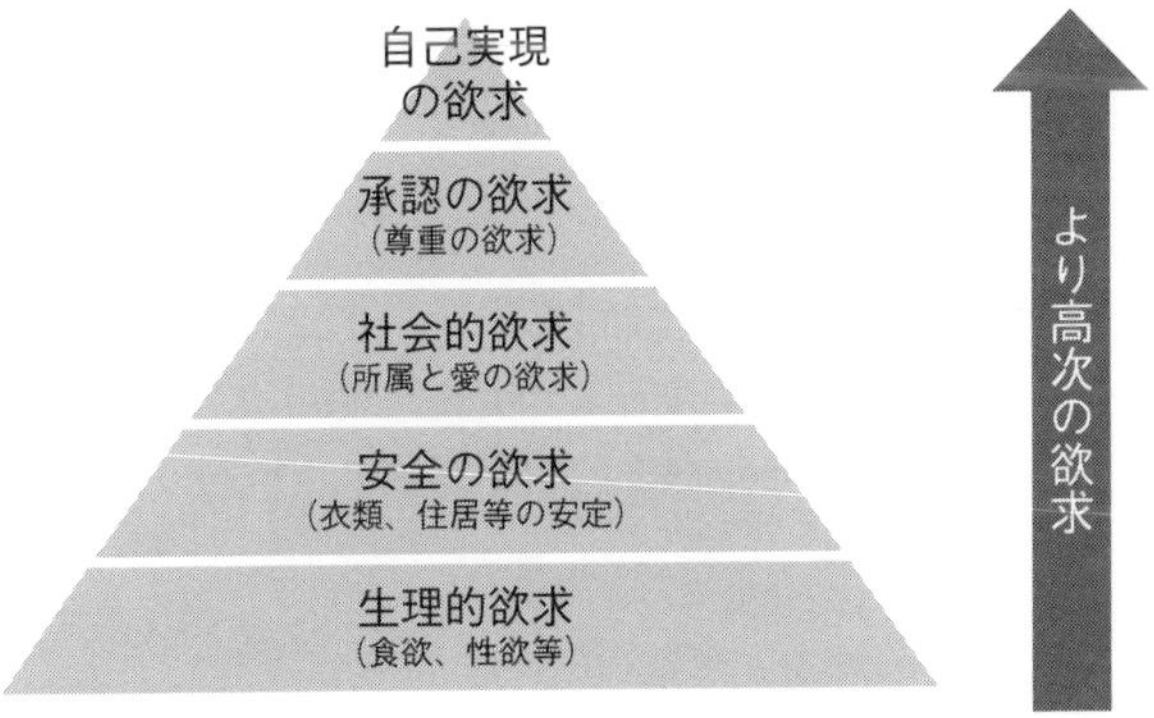

かのように思われるので、経営者は細心の注意が必要である。これらの考え方をクリアにし、社員を納得させることができれば、成果主義の導入はやる気とモラールを高める上で有用であり、業績向上の手段となり得る。

しかし、成果主義を過剰に導入し、業績給の比率を極端に高めたりすると個人プレーが多くなり、組織の和、チームプレーができにくくなる弊害があることも事実である。この制度は諸刃の剣であるということをよく理解し、自社にとってはチーム型の営業が重要なのか、組織風土に変革をもたらすべきなのか、などをよく考えて意思決定する必要がある。

余談であるが、成果主義の導入を検討する際によく引き合いに出されるのがマズローの欲求段階説（図表Ⅱ・4）である。この説では、人間の欲求には生理的欲求や安全の欲求などの金銭的欲求よりも高次の要求として、人から認められたいという社会的欲求があるとしている。新約聖書にもあるとおり、「人はパンのみにて生きるにあらず」である。この欲求をうまくバランスさせて成果主義を導入していくのが導入の基本となる考え方ではないかと思う。

4. 各種会議を効率化する

業績管理制度の整備が進み、予算管理が行われる頃になると、必ず出てくるテーマが各種会議の多さである。役員会や常務会、部課長会議や、業務連絡会議、その他各種プロジェクト会議が毎日のように社内のどこかで行われている会社が多いのではないだろうか。

会議を行う場合、会議資料づくりや根まわし、調整などの事前準備作業があり、これらに費やす時間が実際の会議時間を上回ることもある。単なる報告会議や伝達会議はコミュニケーションを高める上で有用だが、それに費やされるコストを上回るだけの効果が得られているか疑問である。逆に、そのような会議は事業活動のスピードを下げる要因にもなっているため、マイナス効果も含めて会議の必要性を検討すべきである。

これまでに中堅・中小企業を含め、さまざまな会社の会議に参加してきたが、主催する経営幹部や管理者の自己満足や安心感のために行われていると思われる会議や、似たようなテーマであるにも関わらず参加者が若干異なるなど、別々に開かれている会議もあるため、会議が効率的、効果的に行われているかどうか、自己点検を行う必要がある。

会議の必要性、効率性を見る場合のチェックポイントとして、以下のようなものがあげられるのでぜひ参考にしていただきたい。

【会議の必要性、効率性チェックポイント】

▼会議の目的、成果は明確か。
▼目的と成果に見合う会議内容か。
▼会議の効率的、効果的な進め方がルール化されているか。
▼事前準備として、成果を上げるためのシナリオを考え、それにより会議を進行しているか。
▼事前準備を含めた会議コストを計算して、それに見合う成果が上げられたか評価しているか。
▼メールや電子掲示板などの方法で代替できる部分はないか。
▼毎回同じことのくり返しで前向きな討議が行われていないようなテーマはないか。
▼討議後のフォローが不十分なテーマはないか。
▼会議時間を少なくする工夫はないか。
▼会議の参加人数を少なくする工夫はないか。
▼会議を統合して他の会議で代替することはできないか。

教育　予算関連手法の教育を行う

1. 収益改善アプローチを教える

予算編成方針を策定する際に重要なことは、事業の収益性や効率性をゼロベースで見直し、これらの課題を整理し、改善の方向性を予算編成方針という形で明確にすることである。この分析に役立つのが、収益改善アプローチであり、予算編成部門の方々にぜひとも知っておいていただきたい手法である。

収益改善アプローチとは、会社の総資本（総資産）経常利益率を図表Ⅱ・5のように分解して、時系列比較や同業他社比較により販売の収益性及び資産の効率性の分析を行い、どこに改善余地があるかを網羅的に検証していくアプローチである。これを怠ると、滞留債権や不良在庫など効率の悪い資産を温存させたり、抜本的に改善すべき費用を見落としたりすることにもなりかねない。このため、ぜひ収益改善アプローチを用いて総合的かつ体系的な分析を行い、効果的な予算編成方針を立案することをおすすめする。

この分析を行う際のポイントをあげると、以下のとおりである。

① 総資本（総資産）経常利益率を検証する

まず、自社の過去十年間程度の業績推移表（貸借対照表・損益計算書・分析指標）を作成し、業界上位の同業他社との業績比較表（同上）を作成した上で、これらを用いて目標とすべき総資本経常利益率やそれを達成するための課題を検討し、改善の必要な領域を抽出する。

ここで着目するのが総資産を分解した各項目（流動資産、固定資産、投資等）の効率性や損益計算書における各段階（売上総利益、営業利益、経常利益）の収益性である。過去からの業績推移表をみてどの時点でどの項目が悪化しているのか、同業他社との業績比較表をみて何が原因で

図表Ⅱ・5◉収益改善アプローチによる予算方針の策定

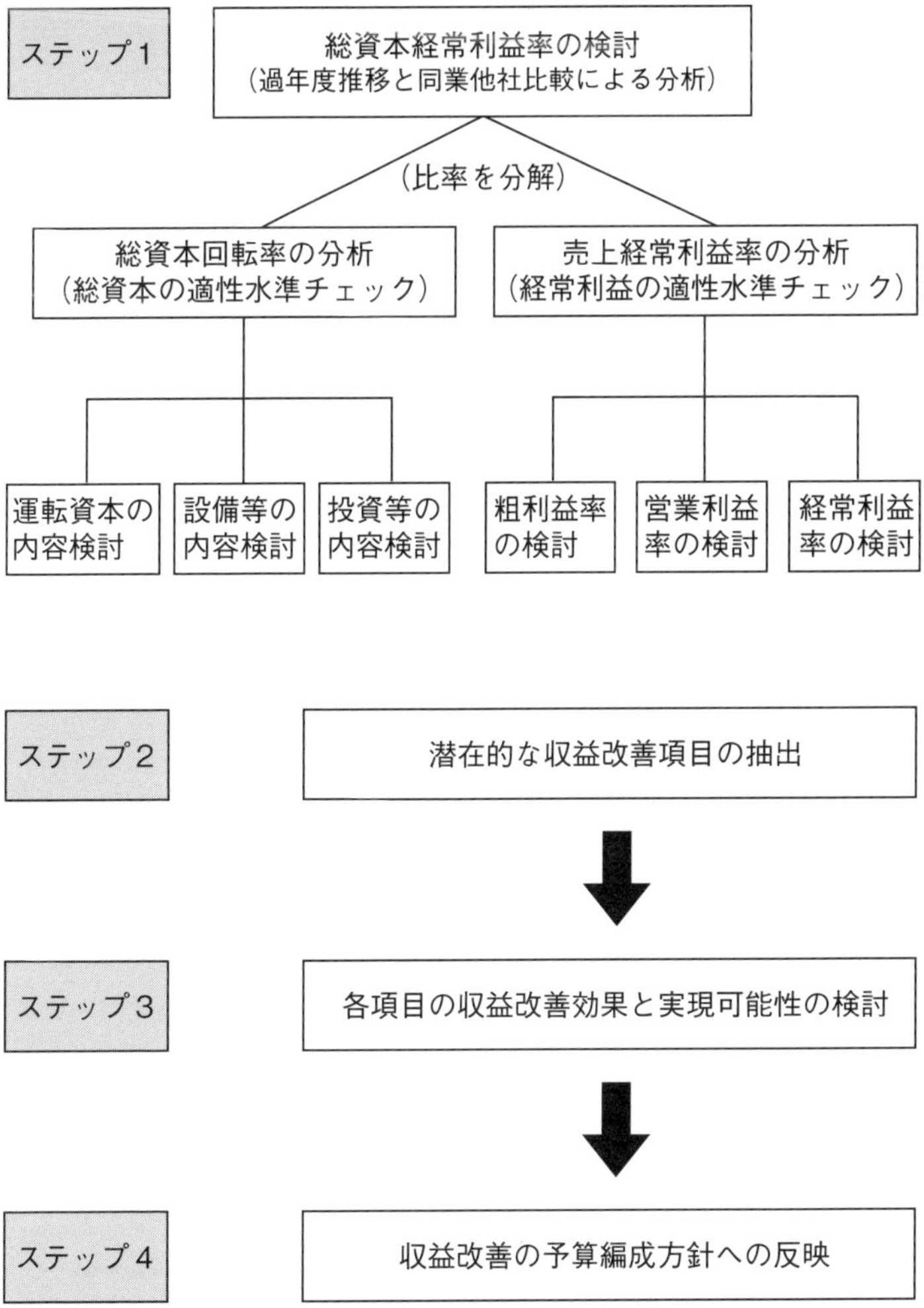

利益に差がついているのか、また、これらの結果から販売や生産上の問題点、経費のムダがどこにあるのかなどをよく見極めて、改善が必要な領域を抽出していくのである。

② 粗利益率の改善策を検証する

売上経常利益率の同業他社比較において、もし粗利益率に大きな差があれば、製品や商品の競争力に問題がある可能性が高いため、製商品別の売上高と収益性や成長性をポートフォリオ図により分析する。（ポートフォリオ分析についてはステップⅠ-2教育の項参照）。

この結果、収益性の低迷している製品や商品が明らかになれば、それらに対する収益性の改善策を立案することになるが、この場合、改善策が製品や商品の付加価値にどのような影響を与えるかをＶＡ／ＶＥ分析（製商品の詳細な価値・機能対コスト分析）などにより検証しておくことが望ましい。

③ 販管費の適正水準を検証する

営業利益率の分析において、営業利益悪化の原因が販売費及び一般管理費にあれば、人件費のムダや経費のムダがないか、生産性が改善されていない部門はないかなど、過去の部門別損益管理表を用いて抽出し、生産性の改善策を立案することになる。

前章でもふれたが、間接部門の管理コストの高さについて営業部門や生産部門は常に疑問を持っているものの、間接部門の範囲や管理コストの定義が不明確であり、また、同業他社との比較が困難であるため、いざ削減するとなるとどの間接部門も自らの効率性を主張し、実行するのに困難を極めることが多い。

これまでの経験上、一般的には間接部門の管理コストが粗利益の五〜十％程度の範囲であれば問題ないと考えるが、中堅・中小企業の場合、五％程度を目標としてチャレンジしていくことが望ましい。

④　総資本（総資産）の適正水準を検証する

総資本回転率の分析において、時系列比較や同業他社比較により資産の効率性や安定性に問題があれば財務体質の問題であり、総資産の圧縮、特に運転資金の中で大きな割合を占める在庫や売上債権の水準が同業他社に比べて高い場合、これらの圧縮を検討する。

この問題を解決するためには、滞留債権や不良在庫の有無を調査することはもちろん、前章で説明した業務改善手法を用いて在庫管理や債権管理の妥当性も調査し、必要に応じて業務改善案を提起する必要がある。

また、総資産の中には有形固定資産や投資等の固定資産もあり、これらの中に投資効率が悪化しているものがないか、遊休資産化しているものがないかを調査し、問題解決のための施策を検討することになる。

このような収益改善アプローチにより、財務諸表の分析を総合的かつ体系的に行い、収益性や効率性の観点から予算に取込むべき課題を抽出することにより、予算編成方針を策定するのである。また、総資本経常利益率を核とした分析を行うことにより、ややもすれば損益予算に片寄りがちな予算編成において、財務状況すなわち貸借対照表も考慮したバランスの取れた予算を作成することができるのである。

2. 売上予算の編成に必要な営業情報を教える

予算編成の際、最も重要であり、すべての予算の基礎になるのが売上予算である。売上予算が固まらないと、生産計画や人員計画が立てられないため損益予算が立てられず、また、資金予測もできないため設備投資予算はもちろん貸借対照表予算も立てられない。

初めて予算を作る会社や予算を作りなれていない会社によくみられるのが、顧客の需要予測やニーズといった営業情報を収集しないまま、成行型や理想型の売上目標を設定し、これに合わせて部課別の売上予算を編成しているケースである。これでは、売上予算が営業の実態に即したものとならず、その信頼性が失われ、予実検討会議は意味のないものとなってしまう。これを防止し、顧客別の営業戦略や目標と連動した売上予算を策定するには、事前に必要な営業情報を入手する必要がある。

そこで売上予算の編成の際に営業部門に教育しておいていただきたいのが、顧客別の売上目標の設定方法であり、特にその根拠となる図表Ⅱ・6のような営業情報である。

これらの営業情報は、それぞれのキーワードの頭文字をとりコンパス（Compass）と名づけたが、このように体系的に情報を収集し、加工することにより、精度の高い顧客別や商品別の売上目標

図表Ⅱ・6◉営業情報（Compass）の概要

情報分類	情報名称	内　容
C	Competition	顧客ごとのライバル会社との競争状況（自社とライバル会社のシェアを含む）
O	Opportunity	顧客ごとの潜在的な販売機会
M	Marketing budget	当社の予算上の販売目標（主要商品別）（四半期）
P	Process	販売目標達成のための営業プロセス、シナリオ
A	Action	上記の行動計画
S	Subject	目標達成のための障害や問題点
S	Support	障害クリアのための組織的な支援体制

を設定でき、それをベースに積み上げられた売上予算も合理的で説得力のある、営業の実態に即したものとなるのである。また、営業部門内や企画部門により予算レビューが行われる際にもこの情報は利用され、客観的な討議を行うための基礎資料となるため、これら一連の活動を通じて、ともすれば理屈よりも行動が優先されがちな営業部門において、日々の営業活動の合理性、効率性、論理性などについて考える機会を与える効果もあるのである。

このほか、次項で述べる顧客開拓プロセスのあらゆる局面においても、この営業情報は有用であり、まさに営業活動の羅針盤＝コンパスとして、この営業情報を利用していただければ幸いである。

3. 顧客開拓手法を教える

新規顧客の開拓や既存顧客の深耕は業績改善

の有効な手段であり、予算編成時や予実検討会議において討議することの多いテーマである。このため、予算管理に携わる営業部門の経営幹部や管理者に対して顧客開拓手法に関する教育を行い、自社に適した形で取り入れ、業績改善に役立てていただきたい。

顧客を開拓するのに有効な方法は、顧客との関係を築き、より深めていき、売上の拡大に結びつけられるような営業活動を標準化し、プロセス化しておくことである。これにより営業マンの顧客に対するアプローチが明確になり、営業活動の計画性が高まり、場当たり的な営業がさけられ、効果的かつ効率的な営業活動が可能となる。

そもそも営業活動において、顧客が受注を決定する要因は何だろうか。主に以下の三点が考えられる。

▼自社の商品に係る正しい情報提供を行い、顧客がその理解を深めること
▼顧客に有用な提案を行い、顧客が自社に対する問題解決の期待感を高めること
▼顧客のキーマンとの人間関係を深くすること

実際の営業現場では、これらの活動がランダムに行われており、その地道な積み重ねが受注に結びつくのである。

したがって、これら三つの受注決定要因に関してどのような営業活動を展開し、それぞれの内容をレベルアップして受注に近づけていくかをストーリー化して、そのストーリーに基づいてシナリオ型の営業を計画的に行うことにより、営業活動のどの段階まで商談が進んでおり、どの段階で滞っているのかが明らかにされ、営業活動のスピードアップや営業ノウハウの集約、営業戦

図表Ⅱ・7◉顧客開拓プロセス

開拓度ランク	商品情報の提供	顧客の問題解決への期待度	人間関係づくり
1	当社の会社紹介	顧客ニーズの収集	会社組織の入手
2	提案情報の収集、ライバル会社情報の収集	会社の具体的問題の収集	キーマンの把握
3	問題解決のための提案実施	提案に対する改善ニーズの収集	キーマンへの接触チャンスのための情報収集
4	改善提案の実施	成約の成否を決める要因把握	キーマンへの接触と人間関係づくり
5	受注条件の具体化をめぐる交渉段階	成約が確実となり、細部の詰めと顧客の期待感の充足	キーマンと親密な人間関係の維持

略の早期立案などが可能となるのである。このストーリーがないと経営幹部や管理者は営業活動の実態や進捗状況が把握できず、営業会議などで具体的な指示ができないため、精神論的な訓示に終始してしまうことになる。

図表Ⅱ・7で紹介するのは、顧客の開拓度のレベル（プロセス）を五段階に分類し、それぞれのプロセスに応じた営業活動を行い、その進捗状況を管理していく手法である。

この図表に示したのは標準的なモデルであり、会社の事業内容や取扱商品、営業活動の方法などによりプロセスは異なるため、営業部門内でプロジェクトチームを作り、過去の成功例やベテラン営業マンのノウハウなどを集約し、自社に合った顧客開拓プロセスを設計していただきたい。また、慣れるにしたがって、各営業マンがより詳細で効果的なアプローチを見つけ出すこともできるので、定期的に情報を集約し、プロセスを更新することが望ましい。

いずれにせよ、重要なことは、営業活動や商談の進捗度を可視化して共通化することであり、この手法を用いることにより、営業活動が効率的かつ効果的になるだけでなく、手法の開発や更新を通じて営業情報やノウハウが共有できるため、若手営業マンの育成にもつながるのである。

さらに、これを続けることにより、各営業マンの営業に対する意識が共有され、コミュニケーションが深まるため、ともすればスタンドプレーに走りがちな属人的営業を組織的営業に転換するきっかけにもなるのである。

ステップ

III

戦略的経営計画の整備

Strategic

3S	ステップⅢ：戦略的経営計画の整備ポイント	
仕組み	❶	経営計画の策定目的を知る
	❷	経営計画の策定プロセスとルールを作る
	❸	経営幹部の役割分担を明確にする
	❹	情熱と願望を高くもつ
組織	❶	プロジェクトチームを編成する
	❷	企画スタッフを充実する
	❸	会社の経営体質を改善する
	❹	経営理念を検討する
教育	❶	計画の基礎知識を教育する
	❷	Ｍ＆Ａの基礎知識をつける
	❸	新規事業の基礎知識を教える

今までのステップにより、月次実績管理体制及び予算管理制度が整備され、そこで発見された収益改善課題に取り組み、年次予算レベルの改善課題に対する計画力、実行力が着実にレベルアップされた段階で、最後のステップである戦略的経営計画の整備に取り組むことになる。ここまでの収益改善活動で、現時点の事業構造上の問題はほぼ発見されており、ここからの戦略的経営計画において取り組むテーマは、会社の収益構造の変革が中心であり、今後五〜十年先までの経営上、取り組む事業展開シナリオを作ることになる。

会社の経営診断を行うと必ず出てくる問題点は、社員、管理者が会社のビジョンがわからない、あるいは明確でないと答えることである。日本経済が成熟化し、成長分野である業界、業種、業態が限られている中で、経営者も事業拡大の方向性について迷うことが多く、そのことの表われが診断調査で出るのである。「このような難しい経営環境下でも、自分はビジョンを明らかにしている。」と経営者は必ず答えるが、そのビジョンがくり返し言われていないと社内には浸透せず、また、そのプロセスについて納得したものでないと社員はビジョンが明確でないと答えるのである。このビジョンや戦略とその実行プロセスを明確にし、組織の成員の活動の方向性（ベクトル）合わせをするのが経営計画なのである。

中長期経営計画は、会社の今まで解説している数値力に基づく管理力、経営力が養われていないと取り組むのが難しい分野であることは前に述べたとおりである。したがって、経営計画に良く見られる問題点としても、これまでに説明した原価管理や予算管理レベルでの管理力、経営力が不備なことによるものが多いのである。

これらを含めて、中堅・中小企業で一般的に見られる経営計画の問題点には、次のようなものがある。

【経営計画で実務上よく見られる問題点】

〈目標の作り方〉
▼根拠のない右上りの数値を作る。
▼数値のシミュレーションに時間をかける。

〈戦略の作り方〉
▼戦略が明確でない。
▼外部環境の変化を厳しく予測していない。
▼ビジネスの計画、展開シナリオが不十分である。

〈計画の障害となる事項の分析不足〉
▼経営体質、風土を分析し、そのネックを考慮していない。
▼人材育成計画が具体的になっていない。
▼何年も達成不可能な計画を作り、根本原因を追及していない。

〈計画の作り方〉
▼財務計画などに片寄りがあり、全体のプランニングがない。
▼方針、施策を盛り込みすぎて、どれも中途半端に終わっている。

▼業界分析が不十分で自社の競争力のレベルを勘違いしている。

中堅企業の経営者と話すと、中期計画の未達成の原因は社員、管理者のやる気がなかったと一言で片づけてしまうことがあるが、実際はここに書いたような多くの要因がからみあって未達成となっているのである。このような要因の把握と正しい事業の現状分析を行ない、会社の経営課題をトータルにとらえてあるべき姿に近づけないと、中長期経営計画の達成はむずかしいのである。

このような失敗を招かないような戦略的経営計画整備のポイントは一七八ページのとおりであり、次節からそれぞれを説明する。

仕組み 戦略的経営計画の仕組みを作る

1. 経営計画の策定目的を知る

経営計画は、なぜ作るのか？この当り前の質問に適切な回答がえられる会社は意外と少ない。

一般には、三〜五年の数値目標も必要であるからとか、予算があるなら計画も必要だろうという理由で作成していることが多い。また、上場会社では、ＩＲ（アイ・アール）の一貫として株主へ説明するために、事業目標の一つとして策定していることが多い。

しかし、真の経営計画は、予算の延長線では改善のできない、より本格的かつ本質的な会社の問題を解決するために作るものである。言葉を換えれば会社の収益構造を改善するための数値の予測目標と方針、施策をまとめたものが経営計画である。この意味を理解していないと経営計画を策定しても失敗に終わりやすい。単なる予算の延長線上で作るものではないのである。

某コンサルタント会社の経験に基づく実態把握によると経営計画は、数値中心→年間予算延長型の計画→戦略計画へと段階的に発展していくと指摘しており、このように、予算の延長線で考え、プロセスも同じに策定している会社が多いと思われる。

しかし、予算ではとりあげにくい、より経営の本質的な問題や構造的な問題（体質改善や収益構造）など、解決に長期を要するテーマが経営計画の取り扱うテーマなのである。したがって作り方も予算とは異なる作り方が当然求められることになる。取り組む姿勢も、より解決がむずかしいテーマを取り上げる以上、より真剣でなければならない。また、管理者のやる気も充実していないと達成がむずかしいため、会社の管理者が予算達成レベルの日常の問題解決に時間がとられているようでは、中長期の問題解決はむずかしいと考えなければならない。

2. 経営計画の策定プロセスとルールを作る

先に掲げたように経営計画の失敗原因の多くのものは、策定プロセスに係るものが多い。

経営計画の一般的な策定プロセスは、図表Ⅲ・1に掲げたプロセスが典型例であるが、ここでは、このプロセスの失敗原因となりやすい重要項目について留意点を述べたい。これらの留意点

図表Ⅲ・1◉経営計画策定フロー

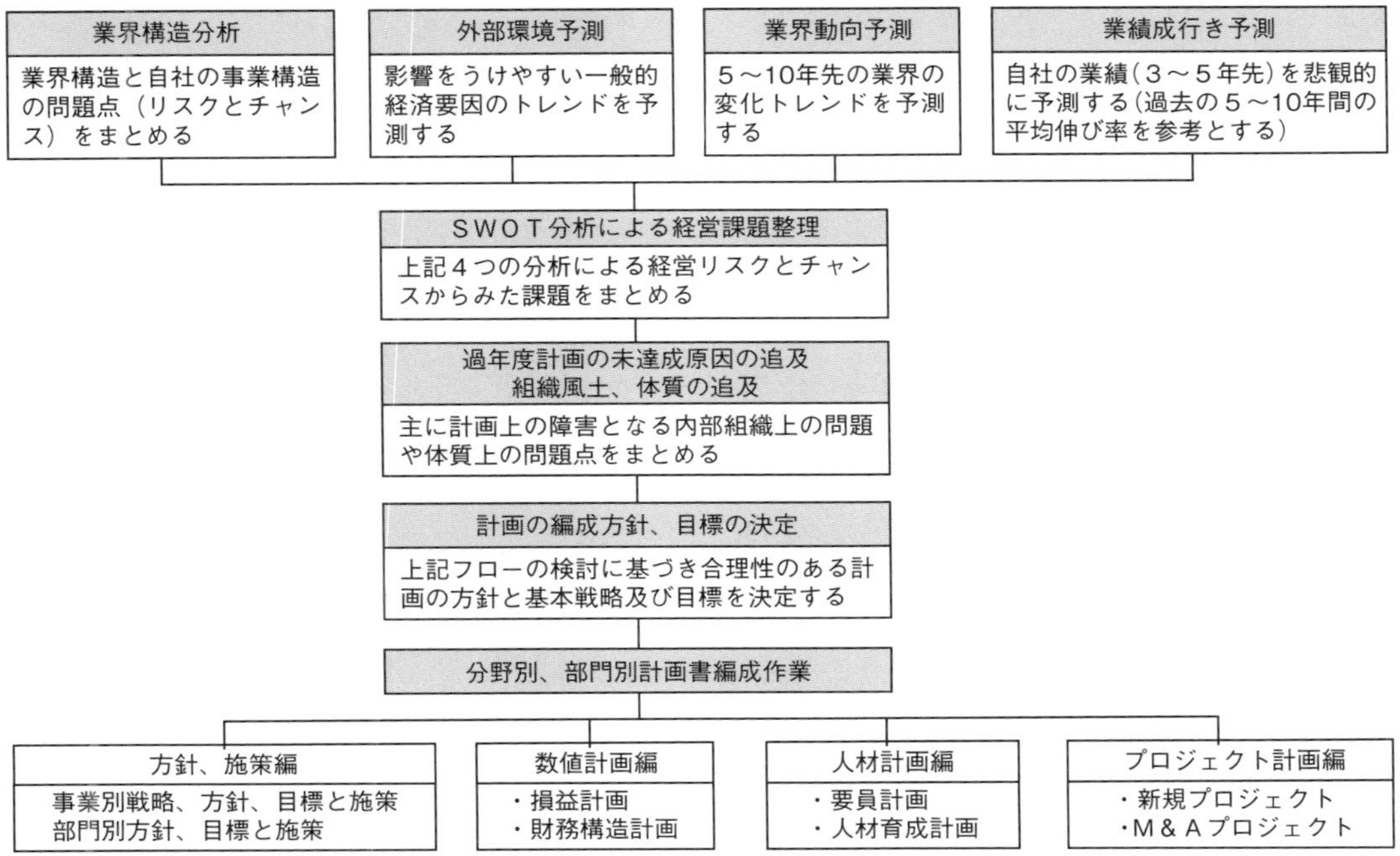
業界構造分析
業界構造と自社の事業構造の問題点（リスクとチャンス）をまとめる
外部環境予測
影響をうけやすい一般的経済要因のトレンドを予測する
業界動向予測
５〜10年先の業界の変化トレンドを予測する
業績成行き予測
自社の業績（３〜５年先）を悲観的に予測する（過去の５〜10年間の平均伸び率を参考とする）
ＳＷＯＴ分析による経営課題整理
上記４つの分析による経営リスクとチャンスからみた課題をまとめる
過年度計画の未達成原因の追及
組織風土、体質の追及
主に計画上の障害となる内部組織上の問題や体質上の問題点をまとめる
計画の編成方針、目標の決定
上記フローの検討に基づき合理性のある計画の方針と基本戦略及び目標を決定する
分野別、部門別計画書編成作業
方針、施策編
事業別戦略、方針、目標と施策
部門別方針、目標と施策
数値計画編
・損益計画
・財務構造計画
人材計画編
・要員計画
・人材育成計画
プロジェクト計画編
・新規プロジェクト
・M＆Aプロジェクト

を参考にし、自社の策定プロセスとルールを作ってから経営計画の策定プロジェクトを立ち上げてほしい。

① 現状分析を十分に行う

経営計画の策定は過去の反省すなわち、現状分析から始まる。過去の反省のない経営計画は地に足のついたものにならず、夢のような計画を作ることになりやすい。経営計画を数年置きに作っているが、未達成が多くなっている会社では、この過去の未達成の原因を十分に行っているか、まず検討してほしい。

これまでに解説した業績管理強化のプロセスの中で、現状分析に必要な会社の業績検討用のデータは相当整っているはずであり、ここまでのプロセスが十分に整備され、行われていればデータの収集に苦労することはない。但し、情報収集する範囲と期間がより長期と広い範囲に及ぶため、その視点からこれまでの業績管理データで十分かどうかを検討する必要がある。特に会社で不足しがちなのが、将来の業界動向や製品市場分析（事業分野別の会社の売上シェアとライバル会社との競争力比較）の資料で、これらはコンサルタント会社や調査会社から調査データを定期的収集して、その見方や考え方を参考にする必要がある。

これらのデータを用いて、経営計画策定のために経営課題及び事業課題を整理したいが、最低限どのような分析を行って、課題整理をすべきかとの質問を受けることがある。この場合、図表Ⅲ・2のような分析による課題の抽出を最低限行うべきであると考える。

図表Ⅲ・2◉現状分析のための経営課題の抽出方法

（把握する課題）		（分析技法）
①財務体質のバランスチェック	→	経営分析手法 ・収益性分析 ・付加価値分析 ・安全性分析 （過去業績推移比較と同業他社比較）
②会社全体の収益性課題の把握	→	総資本経常利益率の分解による分析と比較 （過去業績推移比較と同業他社比較）
③事業の選別方針 （選択と集中の課題）	→	事業別ポートフォリオ分析
④製品（商品）の競争力強化の課題	→	製品、市場分析 （市場別の製品のシェアと競争力比較）
⑤ビジネスシステム（業務）上の課題把握	→	ビジネスシステムの分析 同業他社比較と自社の業務分析
⑥経営組織、経営体質の課題把握		経営体質チェック （例）図表Ⅲ・8参照

図表Ⅲ・2の①②は、会社全体の財務体質チェックや会社全体の収益力の問題を過去五～十年の業績推移の比較や同業他社の比較で、主に財務、経営全般にわたる課題を抽出するために行うものである。③～⑤は、事業別の選択と集中の方針及び市場分野別の製品（商品）戦略の分析、検討を行い、また、その市場地位改善のためのビジネスシステムの改善課題を抽出するために行うものである。⑥は、会社の組織、体質上の問題を検討するために行うものであり、この分析は、会社の体質、風土といった過去の経営や事業の仕組みの中で知らず知らずのうちに作り上げられた組織の習慣や管理者の考え方、行動スタイルなどが計画の障害になっていることが多くあるため、それらを検討するものである。

これらの六つの分析により、重要な課題は、ほぼ抽出できるものと考える。

これらの課題を抽出した後に経営計画上、方針を策定することになるが、課題抽出以降の計画の策定のラフなフローは、図表Ⅲ・3のような流れで策定することになる。

② 基本戦略を検討する

経営計画を策定する際、最も重要なのは基本戦略や事業拡大のシナリオを明らかにすることである。しかし、トップダウンの力が弱く、ボトムアップの積上げプランに頼るとこのシナリオや基本戦略が漠然となりがちになるから気をつけたい。くり返しになるが、経営計画は構造の改革であり、既存の事業の仕組みを変えることを狙いとするものである以上、経営の全責任を負う経営者のリーダーシップが極めて重要で、それが弱いと予算のような計画になりがちである。

図表Ⅲ・3◉課題抽出から方針策定までのラフな業務フロー

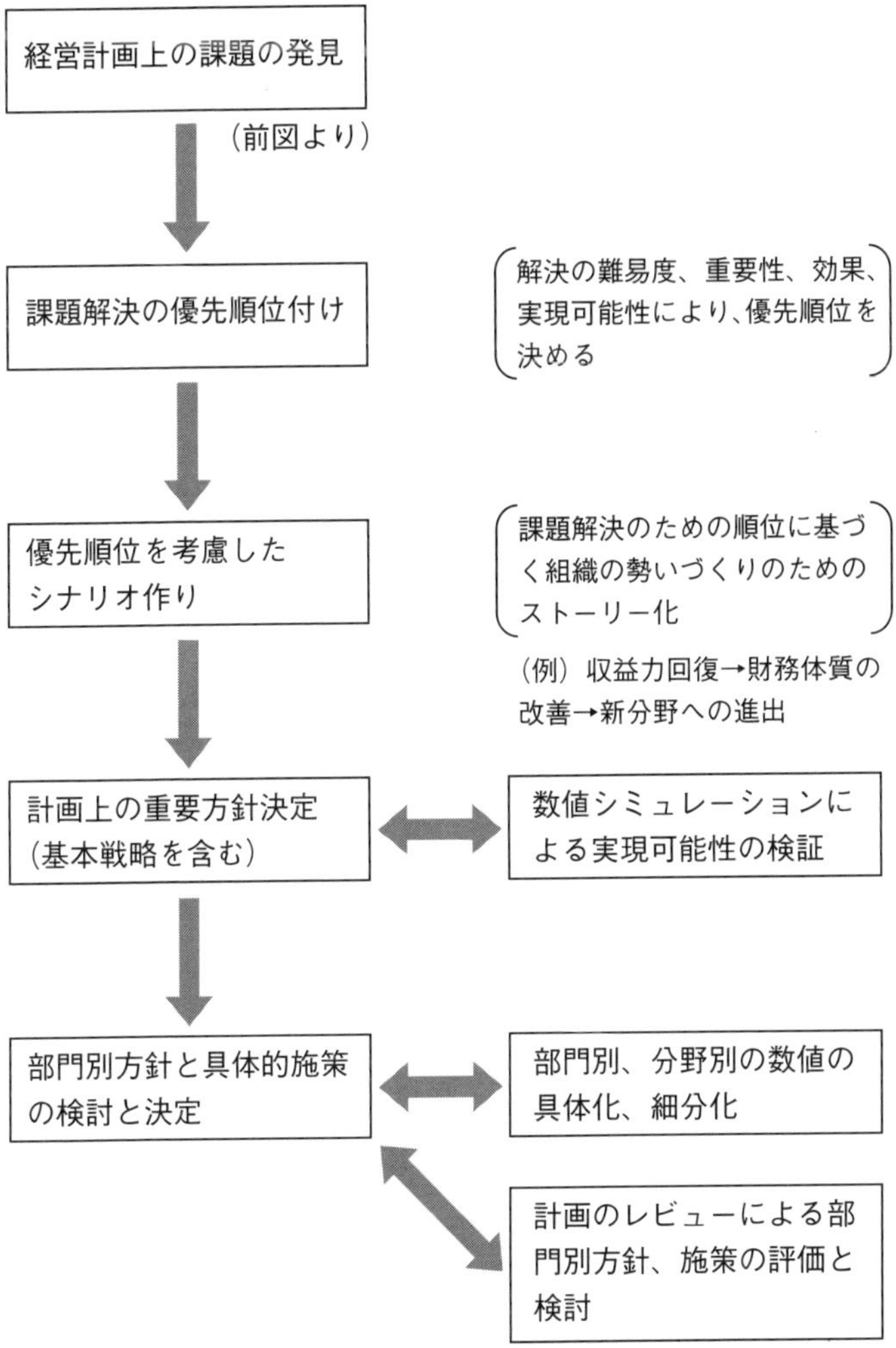
経営計画上の課題の発見
（前図より）
課題解決の優先順位付け
解決の難易度、重要性、効果、実現可能性により、優先順位を決める
優先順位を考慮したシナリオ作り
課題解決のための順位に基づく組織の勢いづくりのためのストーリー化
（例）収益力回復→財務体質の改善→新分野への進出
計画上の重要方針決定（基本戦略を含む）
数値シミュレーションによる実現可能性の検証
部門別方針と具体的施策の検討と決定
部門別、分野別の数値の具体化、細分化
計画のレビューによる部門別方針、施策の評価と検討

次に重要なのが、シナリオ（事業拡大策）を明らかにすることである。計画上、重要な方針や戦略にストーリー性がなく、打つ手がバラバラでは、効果のある施策とはならないのである。経営は人、モノ、カネのバランスのとれた成長発展が重要である以上、事業拡大策のストーリー性が不可欠なのは当然のことである。

ある経営学者は、よい経営戦略のもっている共通の特色や戦略的発想のキーワードとして、次の七つの言葉をあげている。

▼差別化（競争相手との間に差を創り出す）
▼集中化（経営資源の集中を行う）
▼タイミング（タイミングの判断は戦略の成果を決める鍵になる）
▼波及効果（一つの戦略行動の成功が企業の他の分野の種々の活動に波及効果を及ぼす）
▼組織の勢い（組織の勢いを利用し演出する）
▼アンバランス（創造的緊張感、アンバランスが成長のバネになる）
▼組合せの妙（組合わせの妙は製品分野と経営資源の組合せなど戦略のいたる所にある）

これらの視点からみて、自社の事業拡大のシナリオが、それらを考慮したものになっているかを検討することもシナリオ作りに欠かせないことである。

さらに考えたいのが、基本戦略として、差別化とコストリーダーシップ、集中化といった三つの基本戦略のどれを会社が志向しているかという点である。図表Ⅲ・4をご覧いただきたい。差別化は技術やブランドなどの優位性で事業拡大を行う方法で、コストリーダーシップは低価格と

図表Ⅲ・4◉コンビニ業界の基本戦略パターン

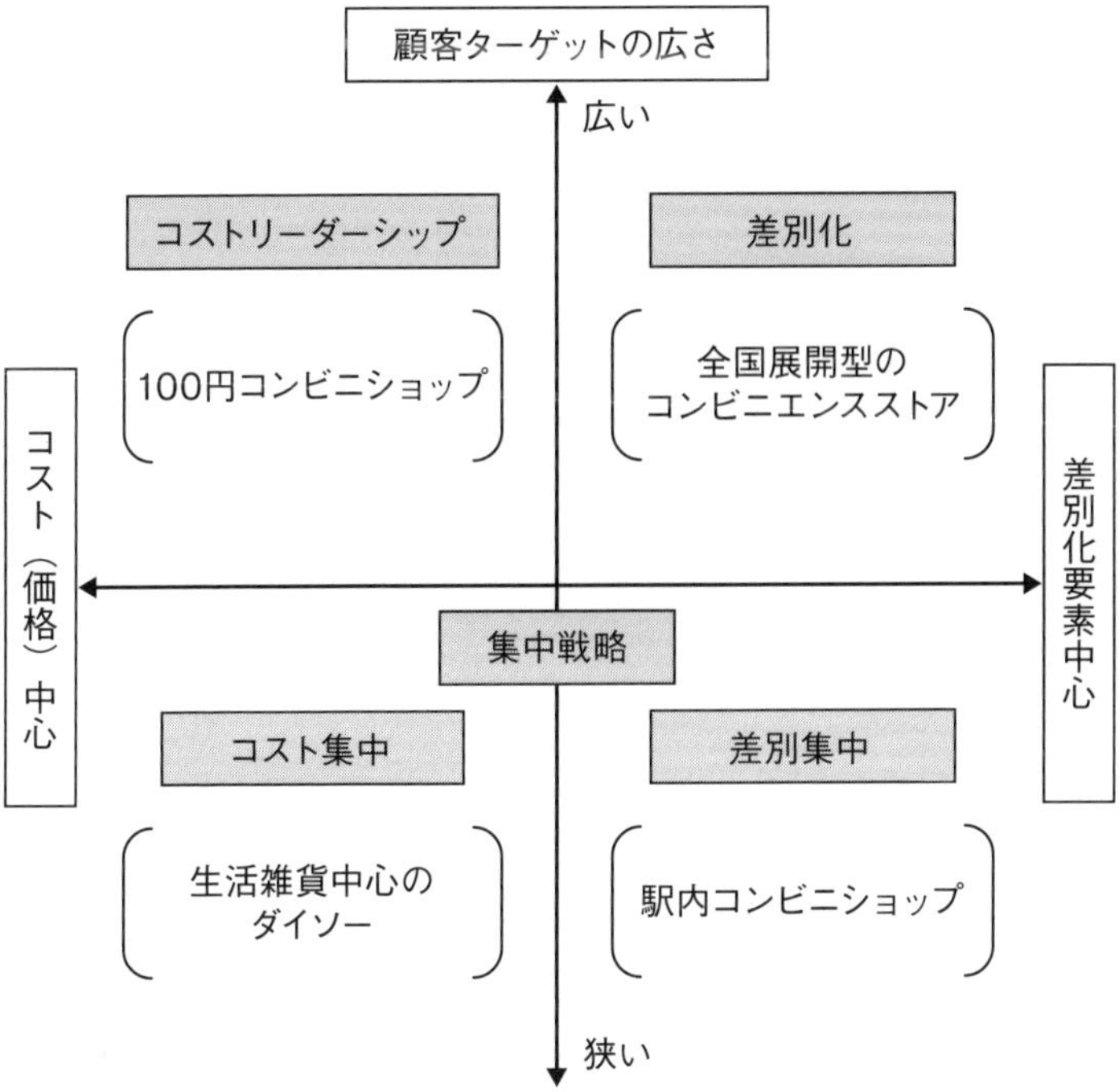

事業運営の低コスト化を主に武器にして事業拡大を行う方法である。集中化は、これらの基本戦略を特定分野や地域に限定して戦う方法である。この基本戦略の三つの類型は、M.E.ポーターが著書で明確にしたものであり、会社が競争上の優位性を築き上げる際に、業界構造上の問題への対処法としてあげた戦略の基本パターンである。

コンビニ業界を例をあげると、図表Ⅲ・4のとおり、この業界の会社は主に三〜四グループですみ分けされている。この業界で、戦略の基本パターンの違いをみると図のように全国展開しているセブン-イレブン、ローソン、ファミリーマートなどの広いターゲットを相手とする差別化グループ、価格志向の強い消費者を相手とするコストリーダーシップをとる百円ショップ型のコンビニ、さらに鉄道会社経営の駅内コンビニである差別集中タイプなどに分かれている。

この業界の業績格差をみると、この業界の先駆者であるセブン-イレブンが業界のシェアーの四〇%以上を占め、二番手のシェアー二〇%のローソンを大きく引き離し、利益率では差はさらに開き、セブン-イレブンの営業利益率三二%に対してローソンは一三%である。この格差は、業界の先駆者でその業態のビジネスシステムの構築にいち早く成功し、競争上の優位性を実現した結果であると考えられる。

このように業績のよい会社は、消費者の動向など市場の変化を先取りし、自社の基本戦略に反映し、その戦略を実現するためのビジネスシステムを他社に対し、早期に構築していることがわかる。中堅・中小企業でも同様に業界の中で多くの顧客や消費者の中の誰をターゲットにし、その消費者のどのようなニーズを実現するため、どのような事業活動上の特徴(ビジネスシステム)

をもって、事業を拡大していくのかといった基本戦略を計画の中で見直していく必要がある。中堅・中小企業の経営計画をみていると基本戦略とビジネスシステムが必ずしも明確化されておらず、ただ売上を増加すればよいといったプランもあるため、特にこの点の留意が必要である。

ポーターも指摘しているが、経営者の性格によって、会社には得意プレーのパターンがあり、成功している会社はこの三つを併用することはなく、長年かけて一つの基本戦略を試行錯誤して作り上げていることが多い。業績のよい会社は、この三つの基本戦略いずれかの成功企業であり、高い収益性を実現するには、わが社の基本戦略の強味を一言で言える会社でなければならない。

③　業界構造を分析する

計画を作る際に試みてほしいのが、より大きな視点での自社の属する業界の構造の分析である。この手法は、ポーターの「業界構造分析」の分析手法を利用するものであり、業界の構造的視点から業界の競争の激しさ、その結果、生じる業界の収益性（総資本経常利益率など）の高低をみるものである。

ポーターによれば、業界の収益性は、業界の五つの構造的要因によって決定されると説明している。構造的要因とは、その業界への参入障壁の高さ、業界の供給している商品、製品を代替するサービスや製、商品の代替需要の脅威、業界の競争業者の多さ、さらに仕入先業界への交渉力の強さ、売上先業界への交渉力の強さの五つである（次ページの図表Ⅲ・5）。業界構造分析とは、これら五つの要因の強弱、すなわち業界の内外の構造的要因との力関係の強弱で、その業界の収

図表Ⅲ・5◉M.E.ポーターの業界構造分析フレームワーク

（業界の収益性は5つの構造的要因により左右される。）

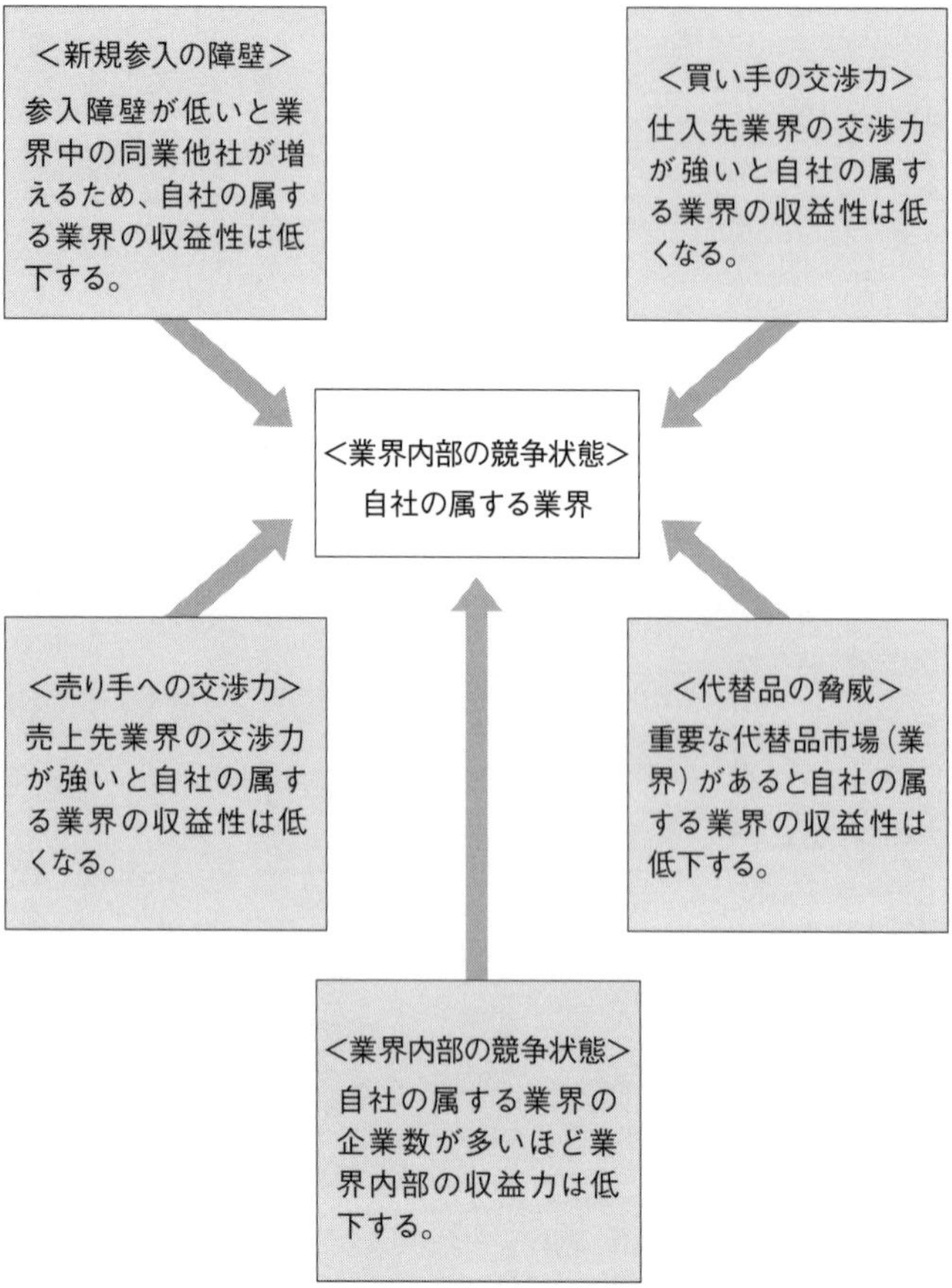
＜新規参入の障壁＞
参入障壁が低いと業界中の同業他社が増えるため、自社の属する業界の収益性は低下する。
＜買い手の交渉力＞
仕入先業界の交渉力が強いと自社の属する業界の収益性は低くなる。
＜業界内部の競争状態＞
自社の属する業界
＜売り手への交渉力＞
売上先業界の交渉力が強いと自社の属する業界の収益性は低くなる。
＜代替品の脅威＞
重要な代替品市場（業界）があると自社の属する業界の収益性は低下する。
＜業界内部の競争状態＞
自社の属する業界の企業数が多いほど業界内部の収益力は低下する。

上記の分析は、業界の構造の分析だけでなく、会社の5つの要因からみた収益性に係る事業構造上の問題点を検討する上でも役立つ。

益性の高低を分析しようとするものである。この分析は業界の収益性のみならず、その会社にとっても、これら五つの要因の強弱が会社の収益性にどのように影響しているかを見るのに役立つ分析手法である。

業界の収益性といってもどのようにデータを取るか抽象的でわかりにくいと思うが、業界のライバル十社程度の信用調査をして、その収益性を集計すれば、ある程度、業界の収益性の把握はできるものである。このような分析は、中堅・中小企業では、実施した経験が無く、より新鮮な視点から自社の収益性の良し悪しを分析するよい機会になるので、計画の中で取り入れてほしい。

また、この業界構造分析を行うことで、業界の構造が収益性上不利で、会社が低収益にあまんじている場合は、同業他社への差別化の必要性の理解が進むとともに、その緊急性が高いものであることを会社に納得してもらえる効果がある。

さらにポーターの分析で役立つのが、多数乱戦業界での争い方の戦略面での事例研究である。次ページの図表Ⅲ・6は、同業他社の数が多く、業界構造上不利な業界での争い方を説明したものである。この事例は、競争過多で低収益化している一般の会社にとっては、何らかのヒントをえられる事例になっているのでぜひ参考にしていただきたい。

④ 差別化戦略を立案する

業界構造分析が終了すると、通常、自社の属する業界が収益性からみて、自社に構造上不利であり、これにどうやって対応していくかの話になるのが通常である。もちろん、業界が成長業界

図表Ⅲ・6◉多数乱戦業界の競争戦略の手順

〈ステップ 1〉

業界構造の把握

（業界が中小規模の企業が多く、業界を牛耳るマーケットリーダーがいない競争環境か。）

・米国では、小売業界、サービス業界、卸売り業界等は多数乱戦業界。

〈ステップ 2〉

多数乱戦の原因の把握

（多数乱戦になっている経済的原因をつかむ。）

・業界への参入障壁が低い。規模の経済性が働きにくい。
・売上先や仕入先が強すぎて大手でも取引が有利とならない。
・業務に高い創造性が求められる。
・人手によるサービスが中心である。
・製品差別化、多様化が著しい。
・地方の地元密着企業が有利。
・撤退障壁が高いなど。

〈ステップ 3〉

多数乱戦の制圧方法の検討

（多数乱戦の原因を取り除いて業界を制圧できないか。
－規模拡大の方法）

・多様な市場ニーズに標準品で対応し規模の経済性を作りだせるか。
・多数乱戦の主原因を無力化するか、切り離すことが可能か。
・地元企業を多数吸収合併して規模拡大が可能か。
・技術変化などの業界動向を先取りして、多数乱戦の原因を取り除けるか。

〈ステップ 4〉

多数乱戦が不回避な場合の対処方法の検討

（下記の方法で収益力の向上はできないか。）

・強力な本社統制に支配された分権制度の導入。
・各地に効率のよい低コストの設備の標準化での対応が可能か。
・サービスの付加や加工の拡大で事業付加価値を高めることが可能か。
・特定の製品種類、製品セグメントに専門化が可能か。
・顧客のタイプや注文のタイプで専門化が可能か。
・特定地域に集中化が可能か。
・川上に向って垂直統合し、コストを引下げられないか。

に属し、業界全体として収益力が高く、構造上も参入障壁が高く、同業他社も少ないといったためぐまれた業界であれば競争環境はゆるやかであり、戦略を見直す必要はないが、通常大部分の業界は成熟業界で競争が激しいと思われる。このため、同業他社にいかに差別化をはかるかという差別化戦略の立案が計画上の重要テーマになりやすい。

差別化戦略の立案方法については、中堅・中小企業ではこれといって確立された手法、体系的なロジックのある手法は見たことがなく、どちらというと経験や勘、同業他社のやり方をみて類似策で対応している会社が大部分であろう。

これまでの経験上、最も有効だったのは、次のような差別化戦略の立案アプローチである。

差別化戦略立案の基本ステップの流れは、A差別化潜在要素の抽出→B当該要素の有効性の検証→C差別化要素の選択→D差別化要素の実行スケジュール→E組織の編成と実行とフォローとなる。

最初のAのステップでは、製品、サービス、販売方法、販売チャンネルなどの面での同業他社への差別化の方法として考えられるものをリストアップして検討価値のあるものを絞るプロセスである。同業他社の製品や販売方法等について十分な調査や情報がないとこれらの要素の抽出はむずかしく、営業が知っているようで情報不足となっていることが多いのが、この分野である。

このステップのポイントは、よく言われていることであるが、自社の強味であり、かつ自社の経営資源を集中した差別化要素が抽出できるかどうかである。実務上、経験してみると、弱味に分散的に経営資源が使われていて、自社が長年蓄積してきた強みの分野に集中して使われていないことは、よく見られることである。

Bのステップは、Aで選択された差別化要素について、その実現可能性、実施コストの予測、実施の効果などを予測するプロセスである。新しい試みのため、このプロセスでも情報不足が多く、予測には困難を伴うが、過去の会社の経験や同業他社の事例、顧客への聞き取り調査などで内容を予測していくことになる。

Cのプロセスでは、予測のリスクや精度を含めて、Bの代替案の選択を行うことになる。当然、会社の体力や経営環境、経営資源を考慮して選択することになる。

D以降は、選択された方法について組織づくりを行うステップであるが、中堅・中小企業の場合、この組織編成を既存の職務との兼務で行いやすい。兼務で行う場合、どうしても実行スピードが遅くなり、責任があいまいになりやすいデメリットがあるため、会社にとって期待価値の大きいプロジェクトであれば新しい組織を作るようにコメントするべきである。さらに既存組織の応援がえられやすいように社長直轄のプロジェクトとして編成して、社長自身がリーダーシップを発揮して、戦略を実行していくことも重要である。

⑤　戦略を実現するためのビジネスシステムを構築する
④で指摘した差別化要素の抽出や選択の上で重視するのが、会社のビジネスシステムの問題点や改善点の把握である。
先にふれたコンビニ業界のビジネスシステムの特徴を考えると、図表Ⅲ・7のようにこの小売

図表Ⅲ・7◉戦略を実現するビジネスシステム（価値連鎖）

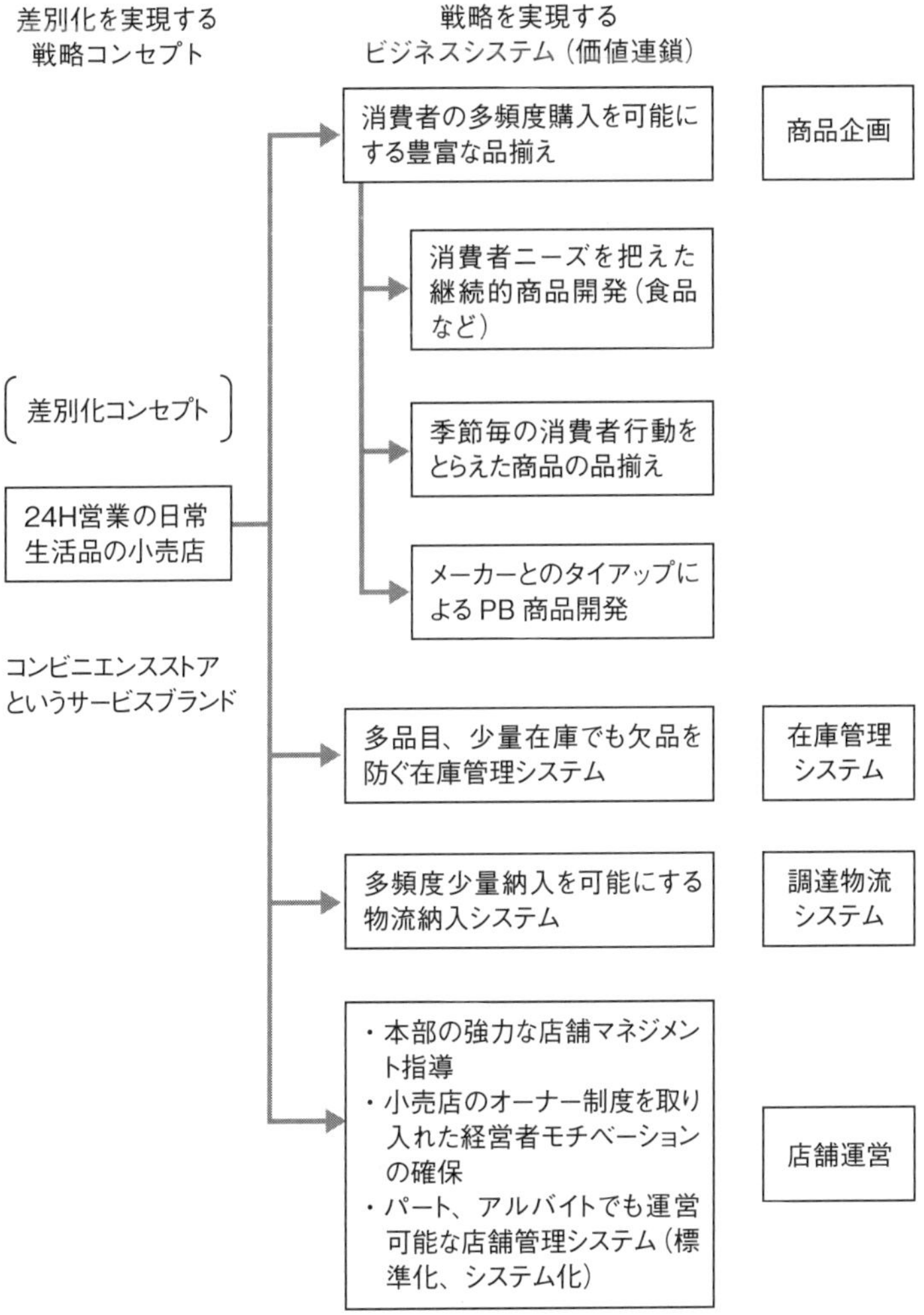
差別化を実現する
戦略コンセプト
戦略を実現する
ビジネスシステム（価値連鎖）
消費者の多頻度購入を可能にする豊富な品揃え
商品企画
消費者ニーズを把えた継続的商品開発（食品など）
差別化コンセプト
季節毎の消費者行動をとらえた商品の品揃え
24H営業の日常生活品の小売店
メーカーとのタイアップによるPB商品開発
コンビニエンスストアというサービスブランド
多品目、少量在庫でも欠品を防ぐ在庫管理システム
在庫管理システム
多頻度少量納入を可能にする物流納入システム
調達物流システム
・本部の強力な店舗マネジメント指導
・小売店のオーナー制度を取り入れた経営者モチベーションの確保
・パート、アルバイトでも運営可能な店舗管理システム（標準化、システム化）
店舗運営

業の業態の事業機能上、差別化の源泉となる分野は、商品企画、在庫管理システム、調達物流システム、店舗運営の四つである。消費者がコンビニショップに求めるニーズを実現するためには、この分野で、図に示した事業活動上の特徴（システム上の優位性）を実現することが不可欠である。このシステムを試行錯誤で長年かけて構築し、競争上の優位性を実現したのがセブン-イレブンであり、このシステムが高業績の背景にある。

基本戦略とビジネスシステムは一体として機能するものであり、ビジネスシステムの深い分析の欠けた基本戦略の構想は、実現可能性がないばかりか、絵に描いた餅になりやすい。中堅・中小企業の計画をみていると、この基本戦略とビジネスシステムの一体化が明確でないケースによく出会う。会社の業績が低迷している場合、会社のターゲット顧客の要求するニーズに会社のビジネスシステムが適合せず、会社の業務システムに対して顧客満足が低下しており、いわばビジネスシステムの機能低下を起こしていることが原因となっていることが多い。

したがって、経営計画では、自社の事業モデルのビジネスシステムがどこに欠陥があるかを分析して改善点を見つけることが重要である。

⑥　方針と施策を十分に練る

基本戦略とシナリオ、ビジネスシステムの改善点が明確にされたら、次はそれを達成するための分野別、部門別の方針と施策を策定するプロセスとなる。

ここで留意しなければならない点は、方針と施策は定性的表現や目標ではなく、定量的表現や目標にするということである。実務上、「××分野の販売活動の強化や深耕」などの抽象的表現で部門方針が作られることがよくあるが、これでは不十分で「どこをどの位強化して現状をどういう状態にするのか」といった表現で方針や施策を作らなければならない。

次に重要なのが、方針、施策の決定には十分な検討が必要であり、「その部門方針と施策で会社が目指す戦略、ビジネスシステムの改善が実現できるのか」という視点で自問自答をくり返し内容の濃い方針と施策を練るという点である。ややもすれば、計画にかける時間が少ないなどの要因で、部門内での話し合いや検討が不十分で、会社の目指す戦略や課題解決の目標値とは程遠い内容の方針や施策にもなるので注意が必要である。

計画は新しい分野へのチャレンジの要素が多く含まれるため、部門別の方針、具体的な施策を実行しながら、細部については計画書を加筆修正しながら進めていくのもよい方法である。方針の中には、初めて試みることも多く含まれており、実行プロセスで生ずる課題や問題が十分に見えず、成功するためのプロセスが最初から読めないためである。このようにプロセスの内容を常に検討していくことで、方針や目標の実現可能性が高まるのである。

⑦　数値にはこだわらない

経営計画というと単なる数値並べや予測表のような数値計画中心のプランをよく見かけることがあるが、このような計画は、策定目的である収益構造の改善やそのためのストーリー（シナリオ）の重要性という点からみるとあまり意味のないものである。

数値は環境によって大きく左右されるものであり、数値はあまり詳細にせずシナリオの数値面での合理性、整合性、バランスの視点で検証する道具として利用した方がよい。数値が一人歩きするような計画は、作るべきではないし、数値偏重の計画は、その効果や効用も低いと考えるべきである。とは言え、計画に数値が不可欠である以上、数値計画は整合性、合理性をつける必要がある。

数値計画としては、まず三～五年先の市場別顧客需要動向の予測を反映した基本戦略（市場別製商品戦略）を策定した後、これを売上計画に反映し、それを実現するための仕入計画（生産計画）、要員計画、設備投資計画（店舗展開計画）を立案することになる。これらの中に、方針や施策の中で採用された効率化、合理化、コストダウンの計画は当然反映させなければならないが、計画をレビューしていると、方針や施策と数値計画に整合性が欠けているプランを見かけることがあるので、詳細性よりも整合性に注意すべきであろう。

⑧　人材育成計画を作る

松下幸之助さんの言葉に「企業は人なり」という名言がある。人材を育てている企業には、成長潜在力が高まることになる。しかし、経営計画の中で、欠けやすいのがこの人材育成計画である。

事業拡大のシナリオを作る際に、人材をどう確保し、また育てるかがネックになることは言うまでもないが、その重要性に比較して、人材育成計画が未整備なのは不思議である。

人材は成り行きでは育たず、計画性が求められるが、その対象は社員や管理者はもちろんのこと、経営者や経営幹部の人材育成も十分考慮する必要がある。経営者や経営幹部の能力の限界が事業拡大のネックになっている会社は多く、その養成は計画の実現に不可欠な検討課題だからである。事業の拡大に経営者や経営幹部にどのような経営スキルや行動が求められるかを真摯に検討し、それをシナリオに入れる必要がある。

⑨ フォローを十分に行う

経営計画を作った後は三ヵ月ごとにフォローを行うことが重要である。フォローを行う目的は、計画と予定している方針、施策の実行後のスケジュールのズレの修正と施策の見直しである。

計画は作り放しでは、確実に成果はでない。「できる管理者は、時間管理がうまい」とよく言われるが計画も同じである。方針、施策とスケジュールの管理がうまい会社は成果を出せることになる。方針、施策の実行が進まないとフォローするのに気が進まず、ついつい後回しになり、そのうちにまったくやらなくなることが実務ではよくある。方針や施策の実行度合は、会社の経営スピードを表しているものであり、それが進まない、途中で挫折するということは、会社の経営スピードが遅いことの表れであり、そのスピードの測定とスピードアップのためにフォローは必要不可欠なのである。

さらにフォローは厳しく行うことも重要である。このため、フォローは社長やナンバー2が行い、厳しいレビュー評価を行う必要がある。それができなければコンサルタントを採用し、厳し

い レビュー評価を入れ、彼らをペースメーカーとしてレビュー評価を行うことである。社長やナンバー2が時間や計画のノウハウ不足で指導力が発揮できない場合、このような外部の協力により経営のスピードアップをはかることも重要である。

3. 経営幹部の役割分担を明確にする

ほとんどすべての会社は、多かれ少なかれ階層別のピラミッド組織を有している。しかし、この階層別の役割分担どおり、各層が行動しているかというと、そうではないことが多くある。特に業績が低迷している会社では、よくみられることである。

経営幹部の役割は、戦略的意思決定とその行動であり、中間管理層は当該戦略に基づく業務上の意思決定とその行動が役割である。社員や下位管理者層は、業務上の意思決定の方針に基づく日常的、反復的現場業務を担当している。しかし、ややもすれば経営者や経営幹部は、業務的意思決定である報告会議や社内調整、承認作業に追われ、戦略的意思決定とその行動の業務割合が落ちる傾向にある。

経営計画策定における経営課題の整理は、組織としてのあるべき姿の反省にもなり、上記の役割分担どおり、会社が機能しているかを反省するよい機会である。また、戦略的計画の編成を行うと、経営幹部に厳しい経営環境にチャレンジする戦略的行動を求める項目が多くなり、その業務上の責任を果たさなければ、計画の実現など難しいことになる。

実際、計画のプロジェクトに参加してみると、会社の戦略上の重要課題に対する経営者や経営幹部の意思決定が遅く、その機会を失くしてしまうことや、戦略的課題への経営幹部の関与の仕方や支援が弱く、その課題の解決がなかなか進まないといった事例によく遭遇する。そのような事例に陥らないためにも、計画の編成や編成後の実行、さらにフォローの会議において、経営幹部の役割を明確にして、計画を作成し、実行フォローすることが重要である。

4．情熱と願望を高くもつ

経営計画の中で最も重要な要素を一つだけあげろと言われた場合、それは高い情熱と願望を持ち続けるということである。

計画の未達成が続くと心がくじけ、気が落ちることが多々あるが、このような中でも、必ず時間がかかっても達成するという強い信念をもち、高い情熱と願望を持ち続けることが重要なのである。このことは、多くの優れた経営者が著書等でもくり返し語っていることであり、その言葉には、信憑性があり、このことの重要性は高いと思われる。

会社は、人間の集合体であり、目標の未達成による「あきらめ」の気風が組織内に感じられるようになると計画の達成度はまちがいなく落ち、計画の見直しやフォローの作業も単なる形式に陥ってくるのである。計画達成のスキルにのみ感心のある人にとっては、単なる精神論と勘違いする人もいるであろうが、計画の成功にはこの情熱と願望が極めて重要である。計画策定に関するスキルが少々弱くても、それを補ってくれるのがこの情熱と願望なのである。

著名なコンサルタントである船井幸雄氏が、昭和時代に最も経営者の思想に影響を与えた人物として中村天風氏と安岡正篤氏の二名をあげているが、この両氏ともに人間の生命の実体は、「気」であると論じている。人間の肉体を動かしているのは「心」であることは十分知っているが、その「心」を動かし支配しているのが「気」なのである。

このことは、経営者がよく精神論で使う言葉である「元気」「勇気」「根気」「気合い」「やる気」「気を入れる」などの言葉が心ではなく気で始まっていることによく表われている。この気を高いレベルで維持していくのが情熱や願望なのである。

したがって、情熱や願望という高い気のレベルを維持し続けることこそ、計画上、組織において最も重要なポイントである。また、このような気の高まりを維持し続けるには、計画の発表会、フォロー会議、進捗状況の確認会議を頻繁に行い、その会議の中で社員や管理者の情熱の向上と願望の実現の気運を盛り上げるなどの工夫を取り入れる必要がある。

組織 戦略的経営計画が編成可能な組織にする

1. プロジェクトチームを編成する

最初に計画に取り組む際は、プロジェクトチームを編成した方がよい。

チームメンバーは、一般には社長や副社長を委員長とし、経営幹部や各部門の責任者を入れるが、次世代を背負う課長などをメンバーに入れることにより、教育や意識の向上に役立つことになる。このプロジェクトを通して、会社の事業の方向性とプロセスが討議されるため、会社の経営幹部の行動のベクトル合わせと考える力が養成されることになり、経営幹部や管理者の人材育成に効果を発揮することになる。刻々と変化する環境にチャレンジするために計画は作るものであり、組織の動きに統一性をもたせ、スピードアップするために作るのが計画なのである。

したがって、計画の作成に要する時間を惜しんではならない。はじめが肝心ころばぬ先のツエなどと言うが、経営においては計画がその役割を果たすのである。

プロジェクトチームのメンバーには、このような計画の策定の意義を十分に理解させる必要がある。

さらに、教育の項でもふれている計画の基礎知識、新規事業やM&Aの進め方の知識を事前に教える必要がある。これらの知識不足が計画の質を落とすことがあるからである。

また、チームの成果や生産性を向上させるため、事前に次のようなチームの運営方法に関する約束ごとを決めておく必要がある。

【プロジェクトチームの運営ルール】

- ▼目標（成果を含む）、期限、計画編成スケジュール
- ▼チームメンバーの心得、役割分担
- ▼プロジェクト運営ルール、進捗管理方法、メンバーの評価方法

▼ディスカッションルール
▼障害になりやすい項目の明確化と対処方法
▼議事録作成義務
▼メンバーの既存業務の時間的制約から生じる問題への対処方法

プロジェクトの運営で注意すべきことは、公式的組織のディスカッションでは、たとえ建設的な意見だとしても、他部門や会社への批判的な意見は出にくい傾向にあり、飲み会などの非公式なコミュニケーションでそれが出やすいケースもあるため、チームの運営では非公式のミーティングも適宜加えることである。

また、プロジェクトチーム方式で計画を作った場合、計画を実行する段階になって、ラインの重要な責任者から、私は計画に関わっていないからと計画を軽視するということが起こりうる。このようなことが生じないように、ラインの重要な責任者にはプロジェクトの進行中、見解をできるだけ求めていくなど、実行する段階で生じる問題のことも考えて、プロジェクトを進めていく必要がある。

2. 企画スタッフを充実する

計画プロジェクトを発足すると、多くの中堅・中小企業では、企画スタッフが不足していることに気がつくはずである。

中堅・中小企業のオーナーの中には、スタッフの増強に慎重な人が多く、スタッフ＝人材のムダのように考える人もいる。しかし、スタッフの強化は経営管理の強化には欠かせず、スタッフ不足では、どうしても経営の企画、計画機能が不足してしまう。スタッフを置いて、それが人材のムダになってしまうのは利用する組織やマネジメントにその活用能力がないために生ずる現象であり、組織としてのスタッフの意味は十分あると考える。

とは言え、いざスタッフ部門を増強しようとしても、企画や計画スタッフの人材が社内におらず、これがスタッフ不足の大きな障害となっている会社も多い。その不足を通常は、経営コンサルタントが補完することが多いが、それにも限界があるため、ラインの管理者の中から改善の推進スタッフを任命し、コンサルタントのスキルをマスターさせ、次の経営改善に役立てるなどノウハウの育成が必要である。ある経営幹部から聞いた話であるが、スタッフが企画した改善方法をラインの管理者がマスターし、ラインが自ら改善を企画できるようになったら、スタッフは不要になると主張していた。スタッフに対する見方として的を射た指摘であると思う。

特に、経営計画策定のプロジェクトにおいて企画スタッフは重要であり、計画に係るスキルの改善・向上、計画に必要な情報収集、計画のとりまとめや進行管理のスタッフとして重要な仕事をもつことになる。経営の組織の機能を会社の発展にあわせて進化向上させ、会社の規模にふさわしい組織づくり、経営活動づくりを行うには、企画スタッフが不可欠なのである。

企画スタッフがいない、あるいは、能力不足の場合、経営の改善活動はまちがいなく低迷し、経営計画がマンネリ化し、経営の戦略性が落ちていくことになる。

先にも書いたが、日常業務が企画業務を排除するという実務上の慣習がある。各部門の管理者の仕事をみているとルーチン化した業務を優先し、企画業務は新しい活動の計画であるためどうしても後回しにされやすい。しかし、この企画業務がおろそかになると改善活動が各部門で低迷することになり、生産性や効率性アップの取組み不足が生ずる。このようなプロジェクトが制度的にないと、経営計画策定時には管理者の企画能力が発揮されることになるが、しだいに企画業務は後回しにされる可能性が高い。

管理者、特に上層の管理者にとって最も大切な業務は、どうやって業務の質や活動を向上させるかのプランニングであり、これが弱いと業務レベルは、現状維持や業務の低迷化になり、人材の育成もすすまないし、仕事の生産性も向上しないことになるのである。

3．会社の経営体質を改善する

会社の経営体質が経営計画達成のネックになるため、経営体質の検討が必要であることはすでに述べたが、この体質診断は、図表Ⅲ・8に基づいて行うことができる。

会社の経営体質チェックは、会社に根づいている経営上の人間観がどうなっているかで行うことができる。経営における人間観で最も重要な点は、「人間は自分の自主性、創造性を発揮して社会に貢献するために生まれてきた」という視点である。極めてシンプルな人間観であるが、その視点の意味は深く、この人間観から、「会社は、社員の自主性、創造性を発揮させ社会に貢献するために存在する」という企業観を導くことができる。この企業観は、どこの会社の経営理念

図表Ⅲ・8◉典型的経営体質の分類（経営者の人間観に基づく）

強い

社長の能力、リーダーシップ力

・社長のワンマン経営の色彩
・上から言われたからやる体質
・信賞必罰が明確にあるが片寄りやすい
・部門間のセクショナリズムが発生しやすい
・社長の能力依存のため事業の潜在的利益の改善余地の分野がある

・社長のカリスマ経営で事業の方向性も明確
・全員参画型経営のスタイル
・経営者の経営観、人間観、経営理念が確立されている
・経営者の直感力、創造力が優れ、人間的魅力が高い
・社長と管理者の役割分担が明確
・管理者の能力も高い
・人事評価厳しい、管理者の自主性、創造性が高い
・創業者経営の理想像

管理者の能力、リーダーシップ力

弱い

強い

・環境依存の成行き経営型である
・和気あいあい、仲良しグループ経営
・組織の動きはバラバラ
・烏合の衆の組織になりやすい
・好き嫌い人事になりやすい
・信賞必罰があいまい

・管理中心の組織型経営
・合議制の経営
・戦略経営に弱さがあり、環境の大幅変化に弱い
・管理を含めた経営システムは整備されている
・二代目経営のスタイルに多い

弱い

図表Ⅲ・9◉経営体質と業績との関連性

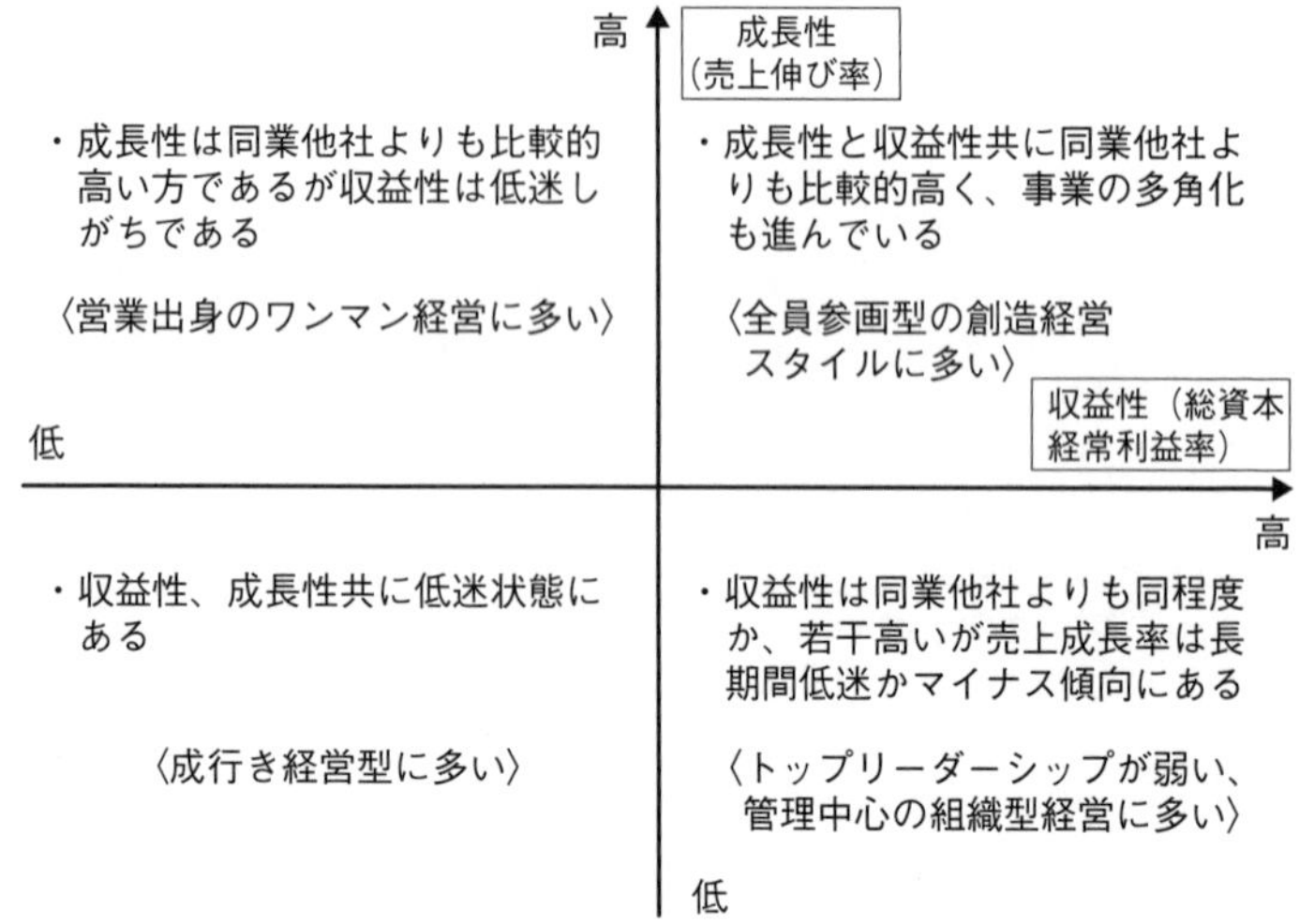
高
成長性
（売上伸び率）
・成長性は同業他社よりも比較的高い方であるが収益性は低迷しがちである
〈営業出身のワンマン経営に多い〉
・成長性と収益性共に同業他社よりも比較的高く、事業の多角化も進んでいる
〈全員参画型の創造経営スタイルに多い〉
収益性（総資本経常利益率）
低
高
・収益性、成長性共に低迷状態にある
〈成行き経営型に多い〉
・収益性は同業他社よりも同程度か、若干高いが売上成長率は長期間低迷かマイナス傾向にある
〈トップリーダーシップが弱い、管理中心の組織型経営に多い〉
低

でも共通に謳われている事項である。

会社の経営体質の検討は、この人間観に基づいて、経営者の自主性、創造性の発揮（リーダーシップ力）と社員、管理者の自主性、創造性の発揮（リーダーシップ力）のいかんで図表Ⅲ・8のように四つのマトリックス区分で診断可能である。

俗に言われるワンマン経営は、社長のリーダーシップ力は強いが、社員、管理者の積極性は見られず、会社全体の経営の活性度が落ちる状態である。

成行き経営と位置づけられる区分は、経営者も管理者も経営上の積極性は見られず、経営の創造性が他力本願で、外部環境の良し悪しのみに依存している状態である。

業績との関連で言えば、図表Ⅲ・9のマトリックス図のように関連性が説明でき、成行き経営型の会社は一般に業績が低迷しており、ワンマン経営の会社も業績的には社長のやる気依存であり、安定的に高い業績維持は難しいという状況である。

理想的な経営は、社長と社員、管理者、両者の自主性、創造性がうまく調和し、全員経営の創造的経営と言われる状態である。すなわち、経営の創造性が高く、企業の環境変化への適応力が優れ、社長の経営ビジョンなどの戦略的リーダーシップ力が優れ、それを実現する管理者の業務上のリーダーシップ力が戦略と一体化して機能している会社である。

これらのマトリックス（図表Ⅲ・8及び9）では、それぞれの区分の経営体質の問題点を指摘しており、業績についてもふれているため、自社の業績をみて体質的にあてはまる点がないか、また、体質から検討してみて、将来、そのような業績に陥ることがないか検討し、計画上、改善すべき組織体質を明確にしてほしい。

4．経営理念を検討する

経営体質の検討の次に経営理念の再検討、検証が必要である。

会社は創業以来、種々な経営上の困難や経営トラブルの中で成長し、発展してきたはずであり、創業者がこのような困難の中で血と汗の結晶でつちかってきた経営や組織をまとめるノウハウや経営の原点が経営理念である。この理念のない会社は、たまたま創業以来の経営環境にめぐまれ、成長または存続している会社であり、偶然にもその必要がなかったと思われる。

そもそも経営理念とは、人の生命とは何か、人間としての使命は何か、これらの人を集めた会社の存在意義は何か、といった会社の企業観、人間観などを深く考え、その答えが凝縮されたものである。この理念こそが、経営を存続させ、成長させる基盤となるべき指針であり、その指針がぐらついているから、体質や風土の問題が生じているのではないかという見方ができる。経営の教科書や著名な経営者の経営哲学には、必ず経営理念の重要性が説かれているが、その経営上の意義は極めて高いと言えよう。

経営風土や体質が問題となっている会社は、ぜひこの経営理念について、計画の中で真剣に検討する時間（プロセス）をとってほしい。

経営理念として、どのような言葉を入れるかで参考となるのが、数年前に出版された書籍で帝国データバンクが百年以上企業を存続させている老舗企業の社是、社訓を調べた調査結果である。この調査の中で百年以上続く老舗企業の社是、社訓の共通項としてあげられているキーワードの漢字は次のようなものである。

信（信用、信頼）、誠（誠実、誠意）、継（継承、継続）、心（真心、良心）、真（真理、真摯）

これを漢字一文字で表現すると、和、信、誠、真、心という漢字で代表されるそうである。経営の原点として選ばれた言葉の共通項であり、その言葉の意味は深いものであると思う。

この経営理念の言葉の意味を考える際に、思想家、人生哲学の啓蒙家として有名な中村天風氏の人間観の言葉を思い出す。天風氏は、我々の人生を支配する宇宙真理を表す言葉として、真、善、美に基づく生き方の重要性を解説している。真は誠、善は愛、美は調和という言葉に代えることができるとも言っている。この言葉が先の経営理念の言葉に類似していることは不思議である。

経営の真理もこれらの言葉の中にあるように思える。

教育 戦略的経営計画の関連技法の教育を行う

1．計画の基礎知識を教育する

経営計画は他の業績管理項目と違い、計画の策定方法が複雑で、策定する管理者にも広い視野や情報収集力、深い分析力などが求められる。したがって、基礎知識を十分につけてから策定に取りかかる方が、よい計画、失敗の少ない計画を策定することが可能である。

経営計画の基礎知識として必要な領域は、次ページの図表Ⅲ・10に掲げた項目である。

これらの知識の中で、特に強調したいのが経営計画の失敗事例である。経営計画の策定に経験とノウハウが少ないと必ず、これらの失敗事例のようにツメがあまく、検討や分析が不十分な領域が出やすいものである。これらの不十分な点は、計画の実行プロセスの中で補っていくこともできるが、領域によっては実現に支障をもたらし、実行プロセスの中でカバーできないものもあるので、事前に注意を喚起して、このワナに陥らないよう教育する必要がある。計画のプロジェクトがスタートしてしまうと、アウトプットを出すことがどうしても先行し、検討の不十分な領域が出てくることが多いため、計画の策定方法、プロセスの理解と失敗ポイントの理解は重要である。

図表Ⅲ・10◉経営計画の基礎知識

▶経営計画の目的

・経営計画策定の目的を正しく理解させる。

▶プロジェクトチームの編成方法

・よいプロジェクトチーム編成の方法を説明する。

▶経営計画の策定プロセスとポイント

・計画編成の一般的なフローと各フローのポイントを説明する。

▶経営戦略の策定方法

・経営戦略を作る考え方を説明する。

▶経営計画策定フォームの説明

・自社の策定フォームを事前に準備して、フォーム記入方法を指導する。

▶経営計画の数値計画の策定方法

・整合性ある数値計画の作り方を教える。

・全体計画と作るべき個別計画の構成内容を教える。

▶経営計画の浸透方法とフォロー会議の進め方

・計画の浸透方法を説明する。

・フォロー会議の手法を説明する。

▶経営計画の失敗事例

・経営計画で実務上見られる問題点の事例（180ページを参照）を説明する。

2. M&Aの基礎知識をつける

M&Aの手法は、中堅・中小企業にとっても、会社の成長戦略の一つとして必要不可欠になっている。日本経済は、どの業界も概ね成熟化しており、事業の再構築や新たな収益源の発掘のために、M&Aは中堅・中小企業でも事業戦略上、採用しなければならない戦略の一つなのである。この手法をとれない中堅・中小企業は、今後生き残りが難しい時代になっているとも言える。

その意味で、M&Aを成功裏に終わらせるためにもM&Aに関して、次ページの図表Ⅲ・11のような基本知識を経営幹部や管理者が身につけることが重要である。M&Aは、自社による事業育成よりも短時間で人材育成、販売チャンネル、製品開発などの事業基盤が手に入り、事業スピードが求められる現在では、圧倒的にメリットのある方法である。

このように、メリットが多いM&Aであるが、中堅・中小企業の多くはその採用に踏み切れないことも多いと思う。その原因は、M&A対象企業発掘の情報収集力、買収後の事業の運営能力、シナジー効果の発揮の方法、交渉上の買収価格を自社に有利に展開する能力など、M&Aに関する種々の障害事項に対する不安感であることが多い。

M&Aは自社の経営体質の移植であり、ここにあげたM&Aの障害事項は、自社の経営体質を着実に築き上げていけば、大半はクリアできる事項である。その意味でも、ここにあげたM&Aに必要な知識の修得及びスキルの育成は重要なのである。

図表Ⅲ・11◉M＆Aの基礎知識

▶ターゲット企業の選定方法

・自社に望ましい候補企業の条件をリストアップする。

▶M＆Aの交渉プロセス

・M＆Aの交渉プロセスとそのポイントをつかむ。

▶M＆Aの価格決定方法

・M＆Aの価格の査定方法の種類とポイントを説明する。

▶M＆A調査（デューデリジェンス）の目的と調査方法

・調査の概要と調査方法、調査結果の見方を教える。

▶M＆Aの契約方法

・M＆Aの一般的な契約書とポイントを教える。

▶買収事業（企業）の事後フォロー方法

・買収した後の事業の管理手法を教える。

▶シナジー効果の予測と測定方法

・シナジー効果の予測とフォローの方法を教える。

▶M＆Aの失敗しやすい事例

・M＆Aでの失敗事例、成功事例を学ぶ。

3．新規事業の基礎知識を教える

M＆Aと並び、基本知識が重要な分野として、海外進出や新規事業などの進め方に関する知識があげられる。

新規事業や海外進出で多く出くわすのは、次のような失敗事例である。

【新規事業や海外進出の失敗事例】

▼海外進出など新規分野の事前の市場調査が不十分で、事前に予測でき、準備できた事項（障害）のクリアに必要以上の時間がかかり成果を出すのが遅れる。

▼自社の得意分野のノウハウ、スキルを明確化せず、成長分野というだけで進出し、ノウハウの構築に投資と時間の大幅なロスを被る。

▼新規分野に進出したが、予測ミスから初期投資が徐々にふくらみ、損失が大規模化し、この結果、回収に長期間を要し、財務体質を悪化させる。

▼買収により新規分野へ進出したが、シナジー効果を発揮するための分析や調査が不十分でシナジー効果を出すための活動が低迷している。

▼新規分野の進出の際、業界知識が十分でないため買収価格査定を誤り、買収価格が高すぎ、投資回収が進まず失敗に終わる。

▼買収先の経営体質や事業環境が悪く、体質改善や収益改善に時間を要し、買収先の業績低迷が既存事業まで圧迫する。

▼買収価格のみに気をとられ、相手の経営システム調査が不十分のため、システムの再整備に時間とコストを費やし投資の回収が大幅に遅れる。

これらの事例は、海外事業や買収した新規事業の基本的な進め方に最初から問題のあることが多く、最初に十分な基本知識を習得して、基本的なプロセスに基づいて、プロジェクトを推進していれば、プロジェクトの失敗や進出に伴う投資損失の一部は防止できたのではないかと思われる。

したがって、次ページの図表Ⅲ・12のような基本知識について十分な教育を行ない、事前に収集できる失敗事例を生かして正しくプロジェクトを進めることにより、損失の軽減と防止をはかるべきである。

図表Ⅲ・12◉新規事業の基礎知識

▶新規事業計画のポイント

・事業計画策定の一般的プロセスを理解させる。

▶新規事業の失敗事例、成功事例

・一般的な成功事例、失敗事例を収集する。

・同業他社の成功事例、失敗事例を収集する。

▶新規事業機会の探索方法

・事前の情報収集の重要性を説明する。

・フィジビリティースタディーの重要性を説明する。

・既存事業の強味の把握の方法を理解させる。

・ビジネスチャンスの発掘方法を理解させる。

▶新規事業（候補先）の事業評価と選択方法

・事業の有望性評価の評価尺度を決める。

・評価尺度に基づく評価と選択を行う。

▶新規事業戦略の計画化の方法

・数値計画は、常に見直す。

・撤退基準を最初から決める。

《参考文献》

大前研一編著『マッキンゼー現代の経営戦略』プレジデント社、一九七九年。

大前研一編著『マッキンゼー成熟期の差別化戦略』プレジデント社、一九八二年。

M・E・ポーター（土岐、中辻、服部訳）『競争の戦略』ダイヤモンド社、一九八二年。

伊丹敬之『経営戦略の論理』日本経済新聞社、一九八四年。

〈著者紹介〉

田村　和己（たむら・かずみ）　公認会計士　税理士

1953年生まれ、1976年慶應大学経済学部卒業後、プライスウォーターハウス、青山監査法人（現 あらた監査法人）社員を経て、誠栄監査法人設立、現在　統轄代表社員。プライスウォーターハウス時代を含めて、中堅・中小企業の業績管理改善や経営改善計画策定支援、事業承継、株式公開指導、会計監査に多く携わる。

［主要著書］

『最強の「業績管理マニュアル」』（共著、ダイヤモンド社、1994年）

『連結決算の実務（五訂版）』（共著、同文舘出版、1998年）

『すぐわかる株式公開のノウハウ』（共著、中央経済社、1998年）

『すぐわかる店頭公開実務のエッセンス』（共著、中央経済社、2000年）

〈連絡先〉

誠栄監査法人（*E-mail*：seiei@seac.or.jp）

小谷　　清（こだに・きよし）　公認会計士

1960年生まれ、1983年慶應大学経済学部卒業後、プライスウォーターハウス、青山監査法人（現 あらた監査法人）を経て、小谷公認会計士事務所を設立、現在に至る。プライスウォーターハウス時代を含めて、中堅・中小企業の業績管理改善や経営改善計画策定支援、株式公開指導、会計監査等に携わる。

［主要著書］

『最強の「業績管理マニュアル」』（共著、ダイヤモンド社、1994年）

『すぐわかる株式公開のノウハウ』（共著、中央経済社、1998年）

『すぐわかる店頭公開実務のエッセンス』（共著、中央経済社、2000年）

《検印省略》

平成25年4月25日　初版発行　　略称：業績の鉄則

中堅・中小企業のための
業績管理の鉄則：MaPSの法則

著　者 ©　田　村　和　己
　　　　　小　谷　　　清

発行者　中　島　治　久

発行所　**同文舘出版株式会社**

東京都千代田区神田神保町1-41　〒101-0051
電話　営業 03(3294)1801　振替 00100-8-42935
　　　編集 03(0294)1803　http://www.dobunkan.co.jp

Printed in Japan 2013　　印刷：萩原印刷
　　　　　　　　　　　　製本：萩原印刷

ISBN978-4-495-19861-9